河出文庫

資本主義と不自由

水野和夫

河出書房新社

文庫版まえがき

二〇一六年に徳間書店から発刊された『過剰な資本の末路と、大転換の未来』が文庫本となって再び世に出ることになった。元々は二〇一四年九月から一五年一月にかけて行われた東洋英和女学院大学大学院の講義をベースに書籍化したものだった。

それからもう九年近くがたって、あらためて読み返してみると、何ら日本が抱える課題は解決に向かっていないと感じた。それどころか、ますます事態は悪化しているとさえ思う。二〇一三年三月に黒田東彦がデフレを退治するといって日本銀行総裁に就任したが、働く人々の生活はますます苦しくなった。

国民の生活水準を表す代表的な指標である実質賃金（厚生労働省）は一九九七年一〜三月をピークに二〇二三年一〜三月時点で一七・三％も減少している（年率換算で〇・七％減）。黒田日銀の一〇年間における実質賃金は年率で〇・八％減少しているのだから、黒田総裁は国民の生活水準の下落を加速させたことになる。

実質賃金の下落は自由を奪う。なぜならマクファーソン（『所有的個人主義の政治理論』）によれば、「自由は所有の関数」（13ページ）だからである。そして彼は「社会は所有主間の交換の諸関係から成り立つ。政治社会はこの所有の保護のためと、秩序だった交換関係の維持のためと、計画された装置となる」（13ページ）という。

貨幣経済において賃金は働く人々にとって「所有」そのものである。しかし、日本の働く人々の実質賃金が減少しているのだから、自由が剥奪されつつある。二〇世紀の終わりから個人は不自由となったことで、グローバル化は資本家の「所有の保護」には大いに貢献したが、「秩序だった交換関係の維持」がなされているとはいい難い。

その一方で、資本家の「所有」である当期純利益は増加の一途をたどっているから資本家の自由度はますます増している。一三世紀身分の賤《いや》しかった商人がローマカトリック教会に利子を認めさせ、「自由」を獲得した。商人は一六世紀に資本家となり、ついにはビリオネア（純資産一〇億ドル長者）と崇め奉られる「マモン」となった。

自由を渇望して時の権力（教会）とたたかって「自由」を勝ち取った商人（資本家）が二〇世紀末になって社会の頂点にたつと、一般国民に「不自由」を強要している。一三世紀以降、商人・資本家は巧妙に経済的権力を簒奪したことになる。

権力を簒奪すると、通常は精神が破綻する。『マクベス』の冒頭で三人の魔女が「きれいは穢《きたな》い、穢いはきれい」と、霧のなか（不透明な近代社会）に飛んで行く。マクベスは魔女にそそのかされて王位を簒奪し、正統性に悩み精神に破綻をきたした。

三世紀たって同じ表現（fair is foul and foul is fair）を用いてケインズは「わが孫たちの経済的可能性」（一九三〇年）で次のようにいう。「われわれは、少なくとも100年間、自分自身に対しても、どの人に対しても、公平なものは不正であり、不正なものは公平であると偽らなければならない。なぜならば、不正なものは有用であり、公平なものは有用でないからである」（『ケインズ全集9』399ページ）。

この意味するところは、初期には海賊ドレイクのように強奪することで元手を獲得したが（不正）、それを国家に寄付し、東インド会社に出資されたことで資本となり、イギリス国民の生活水準が向上した（有用に使われた）。資本も公共の利益に資することがなければ、資本家は簒奪者なのである。

だから、ケインズは同じ論文のなかで「富の蓄積がもはや高い社会的重要性をもたないようになると、（略）財産としての貨幣愛は、ありのままの存在として、多少いまいましい病的なものとして、また、震えおののきながら精神病の専門家に委ねられるような半ば犯罪的で半ば病理的な性癖の一つとして、見られるようになるだろう」（前掲書、397ページ）と指摘している。資本が「過剰」になったことを表すゼロ金利下で「秩序だった交換関係」を維持するには貨幣愛は不要であって「財産としての貨幣愛」に拘泥する人は、精神が破綻しているか、犯罪者だということになる。

ケインズの「わが孫たちの経済的可能性」は『マクベス』の二〇世紀版なのである。マクベスは妃が亡くなったとの知らせを聞いてこういう。「あれも、いつかは死なねばならなかったのだ、一度は来ると思っていた、そういう知らせを聞くときが。あすが去り、そしてまたあすが、こうして一日一日と小きざみに、時の階《きざはし》を滑り落ちていく、この世の終わりに辿り着くまで」（第5幕　第5場、新潮文庫、125ページ）。

資本主義もいつかは死ななければならない。「この世の終わりに辿り着く」先、すなわち資本主義が終わったあとにおいて、ケインズは「貪欲は悪徳であるとか、高利の強要は不品行であり、貨幣愛は忌み嫌うべきものであるとか、明日のことなど少しも気にかけないような人こそ徳と健全な英知の道をもっとも確実に歩む人である」（「わが孫たちの経済的可能性」、399ページ）という。

しかし、若者の賃金は上がらず、高齢者も老後の生活が心配で、消費支出を抑制し貯蓄に励んでいる。また、世界を見渡すと、国際NGOのOxfamが二〇二二年一月に公表した報告書が示すように「不平等は殺人」(Inequality Kills)なのである。同報告書によると、世界のトップ10の富裕者は二〇二〇年三月から二〇二一年一一月にかけて純資産を二倍に増やす一方で、不平等により少なくとも四秒に一人が死んでいるという。資本の際限ない増殖は人々の生存の自由を奪っているのである。

人間がつくる財・サービス（いわゆるＧＤＰ）は現在財と将来財とに二分することができる。消費者が現在の満足度を高めるためのものが現在財、すなわち個人消費支出だ。一方、将来財は消費者の将来の満足度を高めるための財であり、迂回生産に使われ将来の生産力を高めるためのものであり、設備投資と純輸出がそれに該当する。ＧＤＰ（生産物）を現在財と将来財にわける基準が利子率である。将来の満足度を高めたいと望む人が多ければ、金利は上昇し、現在の満足度を高めたいと考える人が増えれば、利子率は低下する。

内閣府のアンケート調査によれば、今後の生活について「毎日の生活を充実させて楽しむ」と答える人のほうが、「貯蓄や投資など将来に備える」人よりも多い。しかし、現実は将来が心配なので、現在を楽しめない。人々の希望と現実のギャップはますます乖離していく。「明日のことなど少しも気にかけないような」社会からますます遠ざかっており、日本人にとって生きる意味とはなんだろうかと思わざるを得ない。

本書の解説を書いてくれた近藤康太郎さんは生きる意味を明確にもっている。初めて取材を受けたときは衝撃だった。会っていきなり変な質問をするので、本当に大手新聞社の記者なんだろうかと思った。私にとって飛びぬけて「変な」人だ。

その近藤さんが私を「変人」だと書いた。「変な」近藤さんからいわれると嬉しくなる。類は友を呼ぶからまあそうなんだろうなと妙に納得したが、さらに私のことを「アナーキーなロックンローラー」「背広を着たパンクス」だという。そんなふうに意識したことは一度もないが、本書のタイトルもそうだし、資本主義が終わった先についてはどうなるかわからないのに本を書いているのはアナーキーかもしれない。

要は「歴史の危機」においては常識を疑えということだ。先が見えないから人生は楽しいのである。シュミットが『政治神学』（一九二二年）で「正常は何物をも証明せず、例外がいっさいを証明する。例外は原則を保障するばかりか、そもそも原則は例外によってのみ生きる」（長尾龍一訳『カール・シュミット著作集I』、9ページ）と書いた。ゼロ金利は資本主義における最大の「例外」であり、それが「常態」化しつつあるのが二一世紀なのである。シュミットも「変で危険な人」とされていたが、ソビエト連邦の解体によって「シュミットブーム」が起きた。

最後に編集者の田中大介さんに今回の文庫化でも大変お世話になり、感謝している。「変な人」二人を差配している田中さんはもっと「変な人」だ。

二〇二三年六月

水野和夫

目次

第3章 株式資本主義はいつ誕生したのか

第4章 富は分配できない

第5章

近代社会の制度疲労

第6章

「帝国化」する世界

第7章

グローバリズムと富の集中

第8章

成長なき社会で

資本主義と不自由

第1章

貧困化する先進国

途上国はずっと途上国のままなのか

みなさんはじめまして。水野和夫と申します。今日は最初の講義ですので、簡単に自己紹介をします。二〇一三年から日本大学国際関係学部で教えています（編集部注：二〇一六年四月より法政大学教授）。

その前は、内閣府と内閣官房におりました。でも、民主党政権のあいだの二年と数カ月だけの短い期間でした。さらにその前は、証券会社に勤務していました。三〇年間異動がなくて、ずっと経済調査部で金利や為替の予測をしていました。

内閣府でも、主な仕事は調査でした。内閣府にはたくさんの組織があるんですが、その中の旧経済企画庁の経済白書や、月例経済報告などに関わり、景気判断をしている部署に一年ほどおりました。それから国家戦略室というところに異動になりました。ところが二〇一二年の解散総選挙で民主党政権が崩壊しましたので、国家戦略室もお取り潰しに。自動的に辞めることになってしまいました。その年の一二月に辞めて、三カ月だけ無職でした。二〇一三年四月から、日大三島キャンパスに通うことになりました。

ずっとサラリーマンだったのですが、今は教員の仕事がメインとなっています。

これから半年間の授業でお話しする主題は、グローバリゼーションの進展が世界経済や主権国家システムにどのような影響を与えていくのか、そしてグローバリゼーションを駆動させているものは何かといった問題を考えていきたいと思います。のちに詳しく説明しますが、グローバリゼーションは「中心」（従来は北側世界）と「周辺」（従来は第三世界と呼ばれていた南側世界）とで成り立っている世界経済と政治システムにおいて、「中心」と「周辺」を再編成していくプロセスととらえることができます。

なぜ先進国は先進国で、途上国はずっと途上国なのか？　先進国と新興国のそれぞれの状況を比較しながら考えていきます。世界経済の発展について考えるとき、いくつかの問題があります。まず「なぜ近代になって生活水準が飛躍的に高まったのか」ということ。これは先進国側の問題です。裏を返せば、途上国はなぜ近代化がスタートしないのか、ということです。近代化イコール工業化ととらえれば、途上国は農業社会からなぜ工業社会に移行できないのか？

加えて言いますと、近代以降の生活水準が先進国のみ飛躍的に高まるということは、経済的側面から見れば、それは資本主義が元々もっている性質によるものだということとです。もっと正確に言えば、古代帝国システムや中世教会システムがそうであったように、資本主義も富を「周辺」から「中心」に蒐《あつ》めるシステムだということです。違いは、軍事力や信仰によるのか、市場を通じてかです。政治的側面から見れば、民主主義が確立していることが必要です。民主国家になってはじめて多くの人々が、あれもほしい、これもほしいと、欲求を無限に追求できる社会になりました。それにもっとも効率的に応えたのが、資本主義だったのです。

途上国は、国民国家ではあったとしても、民主主義を採用していない国が今も多いですし、資本主義経済と言ったところで、それほど市場が整備されているわけではありません。途上国における資本主義とは、西側諸国で語られるそれとはかなり違う。

五人に一人が一日一五〇円で生きている

ここで取り上げたいもう一つの問題は、資本主義そのものの変化です。二〇世紀が四分の三をすぎたあたりから、資本主義は大きく変貌しました。先進国も問題を抱えて行き詰まり、新興国あるいは途上国も多数の経済的問題を抱えているという現状です。先進国が近代化し、豊かになっていく過程で、南北問題が生ずる。

南側が途上国、北側が近代化で先進国になっていく。そして豊かな先進国と貧しい途上国のあいだで所得格差が拡大していく。

世界銀行が発表している数字に以下のようなものがあります。二〇一〇年の時点で、一日一・二五ドルで暮らす世界の人々の数が約一二億人。七〇億人中の一二億人ですから、五人に一人ないし、六人に一人は、一日一五〇円で生きている。事実上三食のごはんを食べられない。だから栄養失調で、乳児の死亡率が非常に高いということになります。

世界銀行は二〇一五年一〇月、国際貧困ラインを一日一・二五ドルから一・九〇ドルに改定しました。二〇一二年時点で、一日一・九〇ドル以下で暮らす人は、世界で約九億人です。八人に一人が生存の危機に瀕しているのです。

こうした事実は、資本主義は果たして地球全体を豊かにするようなシステムかどうか、ということにも関わってきます。で、日本は購買力平価で換算すると、一年間で三万ドルの半ば。一方、一日一・二五ドルで暮らすということは、一年間で約四〇〇ドル。日本の一〇〇分の一のお金で暮らしている人が一二億人もいる。日本の人口一億二〇〇〇万人の一〇倍の人が三食を満足に食べられない、という状況です。サハラ砂漠より南の地域では、一日一・二五ドルで暮らす人はアフリカのグローバリゼーシヨンと言われた二一世紀の最初の一〇年間においても増え続けています。政治が不安定な後進国が多いということでもあります。政治が安定しないと、そもそも経済活動ができません。

一方で先進国は過剰です。典型的なのは食品ロス。日本では一〜二割程度を捨てている。賞味期限前で、本来食べられるのに捨てるロスが商品全体の一〇％になる。個人消費支出が二三〇兆円程度（帰属家賃を除く）でそのうち食費の割合が二割弱なので、四〇兆円ほどが食費にあてられています。二割をロスしているとすると、八兆円が過剰生産ということになります。経済規模の一〜二％をロスしています。ここでイメージしたいのはギリシャです。危機により生活が混乱しているギリシャは三〇兆円経済ですから、日本が捨てている食品を援助すれば、ギリシャの国家債務危機を生活面からサポートすることで少しでも和らいだのではないか。

それから住宅問題。一九九〇年代になってから空き家が増えたかというと、実はそうではなくて、七〇年代の高度成長期から空き家は存在します。空き家は七〇年代から徐々に徐々に増えている。先進国の過剰というのは何も九〇年以降、バブルが崩壊してから需要がものすごく減ったために供給力が過剰になったわけではない。七〇年代から常に過剰なんです。成長率が高い低いに関係なく過剰生産システムがビルトインされているのです。

東京では過剰にマンションが建設されているのに、地方に行くと土地や住宅が余っている。マクロで見れば、一億二〇〇〇万人の国土で住宅は余っているんですけども、人口が集中する東京は足りない。で、オリンピックをやってさらに足りなくなるでしょう。これでは一日を一・二五ドルで暮らす人々への分配などうまくいくはずがありません。主権国家体制のもとでは、いくら市場がグローバル化しても国境を越えた資源を適正に分配できないのは、ある程度やむを得ないにしても、国内の住宅事情だけでも都市の過剰化は続いていて、所得の低い人が高い家賃を払えない。

都会は家が足りないから、家賃も高騰するんです。これは市場経済ではほとんど解決できないことです。

現実化する先進国の貧困問題

世界は徐々にグローバル化していき、二一世紀の初めになるとBRICs（ブリックス）が台頭しました。ブラジル、ロシア、インド、中国、それから小さいｓが、南アフリカです。先の四カ国よりはちょっとまだ生活水準が低いので小さなｓになっている、ということらしいです。

これらの国が今非常な勢いで豊かになっている。中国が世界の工場になったのは一九九八年ですので、一〇％成長して日本の高度成長期とほぼ同じようなフルスピードで走っています。中国の躍進からすでに一八年。ちょうど日本の高度成長も一九五六年から七四年まで。五六年というのは旧経済企画庁が、戦後は終わったと宣言した年です。これから近代化によって日本は豊かになるんだ、というのを宣言したのが五六年で、オイルショックがきて、一応高度成長が終わる。約一八年の成長期だった。

中国も一九九八年から高度成長が始まって、成長スピードが鈍化してるんですけども、高度成長はだいたい一〇年から二〇年のあいだであることをほぼ示しています。そしてBRICsが高度成長して豊かになってきた。

ちょうど九八年あたりから何が起きているかというと、日本は、同じタイミングで九八年から派遣法の改正がありました。派遣の規制緩和ということですが、最初は高度な技術を持っている人、通訳ができるとかタイプが打てるという人だけに認めていたのですけど、それを製造業に認め、あとになってからはファイリング業務というのを認めましたので、ファイリング業務を認めたら、誰でも、正社員がいつでも非正規社員になる。

私も会社に入って一年目は、たいてい書類の整理などやっていました。ファイル整理をしろと言われて、分厚いファイルを一生懸命整理していました。ところがファイリング業務も非正規社員の仕事になったのです。ホワイトカラーがやっていた事務は非正規社員でやりますよという規制改革をやっていたなかで、リーマンショックが起きたら非正規社員が一斉に解雇されました。BRICsが豊かになってくるのとほぼ同じようなタイミングで、先進国は規制改革をして、労働も流動化しなくてはならないという考え方が主流になって、簡単に解雇できるようになっていった。いわゆる派遣切りがその象徴です。

ヨーロッパでは若い人の失業率が五〇%、日本は七%。PIIGS（ピッグス）と呼ばれる各国が、際立って多くの失業者を出しています。ポルトガル、イタリア、アイルランド、ギリシャ、スペインです。ドイツも失業率が高いです。フォルクスワーゲンがドイツの工場で賃金交渉をする際に、「そんな賃上げを要求するんだったら、スペインや東欧、ポーランドとかチェコに工場を移す」と経営者側が迫ります。

そうすると労働組合は経営者サイドの意見を呑むしかなくなる。工場が全部ポルトガルやチェコに行ったら、ドイツで働いているフォルクスワーゲンの人たちは職がなくなるからです。賃金がゼロになるのは避けたいから、賃下げもやむを得ない。あるいは正規から非正規になるのもやむを得ない。それでバブルが崩壊すると、バブル期の景気のよかったときに整備された労働規制の緩和がリストラの口実となって無職になってしまう。元来、労働の規制緩和は労働形態の多様化を図るという、働く人のために行われたはずですが、現実は逆です。

先進国においても貧困問題が現実化しているわけです。これは長期失業化によって起こるものです。三カ月から半年くらいで次の職が見つかるのは高度成長期か九〇年代のせいぜい半ばまでのことでしょう。

長期における失業状態によって、多くの人は貯蓄を取り崩していく。貯蓄残高ゼロ世帯の急増につながっています。いくら経済成長したといっても中国では内陸部で暴動が起きるくらいに経済は不安定で、日本の高度成長期のような一億総中流にはどうも到達していない。世界では一・二五ドルで暮らす一二億の取り残された人々は一向に救われない。世界人口の五人に一人が貧困という状況を、そしてこの数字を、多いか少ないかというと、私はどう考えても多いと思います。これだけ先進各国は豊かになったのに、世界中の五人に一人はその日暮らしを強いられている。いや、明日も生きていられるかどうかわからないというような状況にあります。

海外資本の注入とグローバリゼーション

『開発経済学概論』（渡辺利夫、徳原悟訳・岩波書店、二〇〇六年）で有名なジェラルド・M・マイヤーが、開発思想や開発政策の進化から以下のような基本的課題について指摘しています。

一つに「何が開発途上国の経済成長や経済的変化の源泉か」。今の途上国だけじゃなくて、先進国も昔は途上国だったわけです。経済成長のポイントは、資本、労働力、技術進歩です。この三つが成長の三要素と言われています。資本の背後には貯蓄があります。貯蓄が高い国でないと資本は蓄積できない。国民が消費を我慢して節約する国でないといけない。ここで言う資本とは、工場、店舗、オフィスビルといったイメージです。民間資本においては、鉄道、高速道路、飛行機、飛行場なども資本です。公的なものでも下水道や上水道、そういったものも全部資本。これは貯蓄がないと建設できません。

日本の一世帯の平均的な実収入は、月五二・六万円（二〇一五年、二人以上の世帯のうち勤労者世帯。総務省「家計調査報告書」）。実収入とは、世帯員全員の現金収入

（税込み）を合計したもので、勤め先収入のほか、事業・内職収入、公的年金等の社会保障給付、財産収入などが含まれます。五〇万円の家計を全部消費する。貯蓄などしないで、食費や洋服、あるいは旅行に行く。または耐久消費財を購入して全部使ってしまう。そういうことをやると、貯蓄がゼロになります。それでは工場は建てられない。工場も元手なしからスタートしますので、もちろん投資しようと計画している工場経営者も貯蓄すればいいのですが、仮に社長の報酬が月々一〇〇万円として三〇万円ずつ貯蓄しても、一向に工場は一人では建てられない。やっぱり何百人、何千人の貯蓄が銀行に集まって、一〇〇億円単位になって、融資があってようやく工場を建てられる。

一人の工場経営者にいきなり一〇〇億円を出資する人はないと思います。多くの人が貯蓄してはじめて、一人の工場資本家が誕生することになります。節約好きでないといけないですね。でもそうは言ったって、ある程度最初からちょっと豊かでないと。先ほどの一・二五ドルの国の人に節約しろと言ったら、みんな餓死してしまいます。

明治維新で日本が近代化に成功したのは、やはり江戸時代の時期から豊かで資本を蓄積していたからだと言えます。さらにその前の、中世の時代に蓄えがないと、近代化は困難です。やはり、どの国でもいきなり近代化をできるはずがありません。

日本は大きな数と、かつ質の高い労働力を持っている。人口減で労働力不足と言われていますが、働ける高齢者が多い。六五歳でも七五歳でも働ける人はいますからね。それから、技術進歩というファクターについて。技術を身につけるには、資本力と労働力で補う必要がある。つまり、先進国のものまねをする。そうするにも教育水準がある程度高くなければならない。工場社会においてラインを保ち、生産をコントロールするには、何らかの不具合が起きたら、現場の人間に解決するくらいの能力が必要となる。これは、教育水準がある程度なければならない。途上国には、それらがありません。貯蓄もなく、教育も高くない。そこに構造的な現実問題があるわけです。

一九世紀のイギリスの「東インド会社」では、イギリス人が東インド会社に勤務すると、母国に帰って家が建つ。家が建つどころか選挙資金まで蓄積できたそうです。そのお金を元手に票の買収が可能になって、東インド会社のOBはみんな国会議員になる。こんなことですから、イギリス人の多くは東インド会社で働きたくなる。当然、政治は腐敗して、イギリスでは政治改革が起きました。では、インドの労働者はどうだったのか。驚くほど、わずかな賃金しか与えられなかったんです。彼らインド人には、そもそも蓄積できるような賃金をもらえない構造になっています。

でもグローバリゼーションになって何が起きたかというと、国内に貯蓄がなくても、外国資本がそのまま国境を越えて入ってきますので、それで外国資本をうまく誘致できた国は、急速に成長軌道に乗ることが可能になった。新興国のBRICsやインドネシアなど、いろんな新興国が台頭してきたのは、先進国の貯蓄が余剰となって、外国資本がBRICsやインドネシア、ミャンマー、タイといった国にどんどん入ってきたからです。

それが近年におけるグローバリゼーションです。このように考えるとグローバリゼーションは善意のようにも思えるのですが、決してそんなことはありません。先進国で貯蓄過剰となったのは先進国内で投資先がなくなったからです。だから、新興国に投資するようになったのです。

けれども戦後の経済復興における奇跡は三カ国のみ。ドイツと日本とイタリアです。グローバリゼーションではなく、各国が独自でゼロからスタートし、高度成長に乗ることができた。海を越えた資金のない日独伊がどうしてうまく高度成長できたかは、国際環境など、さまざまな幸運な要素が重なったからです。一つ言えるのは、朝鮮戦争によって米ソ冷戦が勃発したことがあると思います。米国資本が中国に投資しないで日本に投資や融資をしたからです。日本は戦争で破壊されて資本はほとんど失いました。日本は貯蓄も一ドル一円が一ドル三六〇円のレートになった。戦前は一ドル一

〜二円程度でしたから。つまり、価値が三六〇分の一になってしまった。これでは一億円持っていても三〇〇万円の価値しかない。

資本はない。セメントも買えない、石油も買えない。

やはり、彼らは戦後の、焼け野原で貯蓄も何もないところから再スタートしたのですね。亡くなられたトステムの潮田健次郎さんは、戦後の焼け野原で、どうやって会社を興したかを日本経済新聞の「私の履歴書」で書いておられました。本当にご苦労されて、最初はリヤカーを引いて商売をしていたんですよね。イトーヨーカ堂を興した伊藤雅俊も、第一号店はクリーニング屋さんの片隅で始めています。日本人が元々もっていた勤勉性や我慢強さも、高度成長の一つの要因だと思います。

資本主義は全員を豊かにはしない

マイヤーの話に戻りましょう。二番目の課題として、彼はこう書いています。

「何によって国家間の開発実績の格差を説明することができるのか」

つまり、南側の世界でアジア型の輸出主導型の政策をとった国と、南米型の内需主導型政策をとった国における格差とも言えることです。

その結果は明らかで、輸出主導型の国がだいたい新興国となって、内需主導型の南米はいつまでたっても経済的安定が見込めない。例外なのはブラジルで、BRICsの一員ですが、それ以外の南米諸国はうまくいかなかった。

内需主導とは、「まずは国民が豊かさを享受できるように」という政策です。だから、足りないものはとにかく輸入する。人は欲望の塊なので、「テレビもほしいし、自動車もほしい」となる。民主主義はそれに応えなくてはならないわけです。国民がなんでもほしいと言うから国家はそれを叶えなくてはならない、というのは南米型の思考なんです。

一方でアジアは輸出主導です。結果として国民に我慢を強いる。それは同時に、国民が節約を受け入れるということでもある。開発実績の格差とは、今までは輸出主導で成功したアジアと、内需主導で失敗した南米という構図で考えることができました。

しかし、この世界中に浸透しているグローバリゼーションにおいて、輸出主導型の開発政策が成功モデルだということそれ自体が、「資本主義はすべての人を豊かにすることはできない」ということを意味しています。これからどうなっていくのか。中国は世界の工場になって、Tシャツやスニーカーを、アメリカほか諸外国に売りさばく。さらにはIBMのパソコンも作って、世界中に輸出する。

アメリカやヨーロッパの経済状況が、中国にも当然影響してくる。中国の経済規模は二〇一五年で一〇・九八兆ドル。日本が四・一二兆ドルです。中国から見れば、一七・九五兆ドルのアメリカ、そして同じく一六・二二兆ドルのヨーロッパが、経済的パートナーとして存在します。中国から見れば三四兆ドルの市場がある。つまり、自国の三倍強の経済が、国の外側にあるわけです。

ところがEU経済は移民問題やギリシャなどの国家債務問題を抱えて停滞しており、米国も世界経済を牽引していくほどの力強さはありません。日本が「失われた二〇年」の後半一〇年に欧米経済がバブル化して日本からの輸出が伸びたようなことは、今の中国に期待できないのです。

中国以外のアジアの国や、アフリカ諸国からすれば、「オレたちはどこに輸出すればいいんだ」となります。輸出主導の中国に輸出することは現実的に難しい。最後のバスに乗ってきた国は、輸出しようにも輸出する相手国がないからです。世界中が輸出主導型の政策をとれば、アフリカはもう南極に輸出するしかないという、冗談のような状況になっています。

もちろん南極は国家ではありませんし、ペンギンたちはお金を持っていない。グローバリゼーションがどんどん突き進んでいくと、資本主義の矛盾が爆発するんじゃないかなと思います。輸出主導といっても、どこに輸出すればいいんだっていうことになる。だから資本主義がずっと全世界を覆ってくると、今まで隠れていたさまざまな問題が噴出してくることになるでしょう。

近代になって先進国の生活水準が高まったということは、近代イコール工業化と考えれば、工業国の生活水準がなぜ飛躍的に高まったのか。図【1-1】では世界一人当たりの実質GDPを表していますが、この数字は事実上、先進国を表しています。【1-2】では、一九〇〇年頃まで生活水準は途上国において横ばいであることがわかります。正確に言うと一八七〇年なのですが、その前もずっと同じく横ばいです。

しかし、このあたりからアメリカがどんどん上昇軌道に乗っていく。格差の広がりが一九〇〇年から始まっていくわけです。アメリカと同様に上昇軌道を描いているのがイギリスです。注目なのはインドです。インドは、一九〇〇年以降もGDPが伸びていない。「イギリスが豊かになったのはインドを貧乏にしたからだ」と指摘する学者もいます。もし、インドが豊かになっていたら、イギリスは貧乏だったのか？ もしくは、インドもイギリスもはたして両方が豊かになれたのか？ これは世界中七〇億人が全員豊かになれるのかという問いでもあります。

私は、両方が、あるいは全員が豊かになることはないと考えています。なぜなら、資本主義において利潤ないし付加価値を増やすこと、すなわち成長するということは、安く仕入れて高く売ることが鉄則だからです。南側諸国は自国の資源を安く売って、北側の先進の工業製品を高く仕入れる仕組みのもとではいくら頑張っても豊かにはなれません。

国際協力という観点で考えると、「市場化しなさい」と促しても、遅れて市場化する国に、新たな輸出先はありません。ということは、市場化したところでその国が豊かになれるわけではないと思います。ＩＭＦは規制改革で市場化することをアピールしていますが、それで世界が本当に豊かになれるのか、私には疑問です。

ベーコンの「進歩」と工業化社会

人類の歴史は一四万年程度。図【１－１】を作成したカリフォルニア大学のブラッドフォード・デロング教授は、紀元前一〇〇万年から調査しています。この時代から、一人当たりのＧＤＰは一〇〇ドルの時代が延々と続いてきた。そして西暦一五〇〇年の少し前、八～一〇世紀くらいに、農業革命が起こります。来年に農産物を持ちこせるという農産物の余剰生産ができるようになりました。それまでは今年穫れたものは今年全部食べるということですから、貯蓄はない。誰もがその日を生きるのに精一杯でした。当然、移動のない生活をしていたはずです。つまり、生活においても技術力においても進歩がなかった。

進歩という言葉を私たちは何も抵抗なく使っていますが、そもそも「進歩」とは、一六〇五年にイギリスのフランシス・ベーコンが主張した概念です。近代社会は、進歩の理念が基本にあります。

進歩とは、前に進むことです。後ろ向きはいけない。進歩を求められる社会とは、「前へ行け、前へ行け！」と後ろから背中を押される社会のことです。

なぜ進歩が前へ行くことかというと、都市化する近代社会においては移動することが不可欠だからです。キリスト教社会が想定している宇宙は閉じています。平たい地球に置き換えて考えてもいいでしょう。前へ前へ進むと端に行き着いて、海水と一緒に皿のような地球から落ちてしまう。そういう地図を見たことのある人は多いと思いますが、あの地図においては、前へ行くと地獄に落ちるということになる。

だから、生まれ育ったところにずっと留まるのがいいことだとされていました。動くことは危険を意味します。皿の形をした地球の話だけでなく、現実的にも、よその村に一歩足を踏み入れれば、よそ者として排除されかねない。ですから、中世は動か

世界の生活水準

図【1－1】

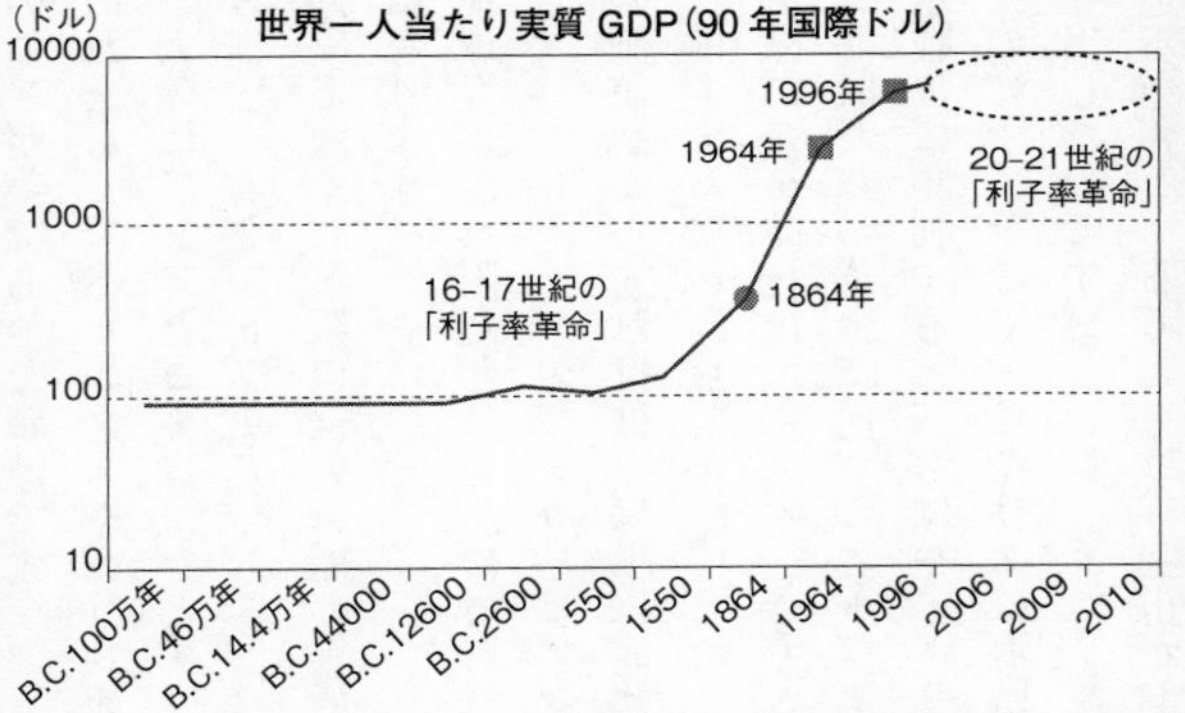

(出典) J.Bradford Delong "Estimating World GDP, One Million B.C.-Present"

生活水準の格差

図【1－2】

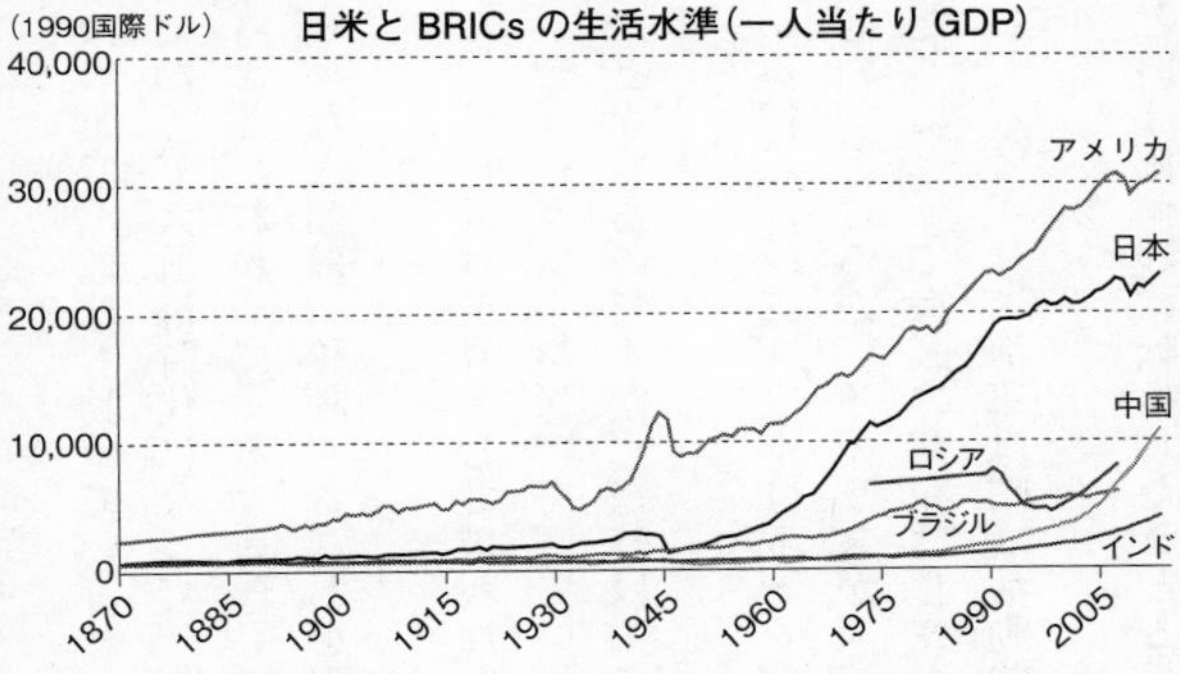

(出典) OECD『The World Economy: Historical Statistics』、
IMF『The World Economic Outlook Database April 2006』
※ロシアは旧ソ連時代を含む。1975 年より集計

ないことが善であったわけです。

けれども、コペルニクスやガリレオが、宇宙は無限で、地球も動いていると主張する。大陸はアジアとヨーロッパとアフリカだけでなく、大航海時代になって、新大陸もあるし、オーストラリアもあるし、南極もあることがわかってくる。地球も限られた地平でなく、無限に近い未開の場所があると知った人類は、移動することを選ぶようになります。

地球もまた無限だと考えたのでしょう。だから、探検家は英雄として扱われた。映画の『パイレーツ・オブ・カリビアン』や『インディ・ジョーンズ』を観ていると、今の価値観からすれば彼らは単に泥棒じゃないかと思えるのですが、当時は未知の世界に前進するという点で英雄でした。

海賊の黄金時代は「一六五〇年から一七三〇年代にかけて」(マーカス・レディカー『海賊たちの黄金時代』ミネルヴァ書房)でした。ところが、イギリスがスペイン継承戦争に勝利すると、もはやイギリスの商人たちにとって海賊の存在はじゃまとなったのです。そこで、イギリスは海賊を絞首刑にし、イギリス海軍は哨戒活動強化に乗り出したのです。

進歩を善とする考え方は、宇宙が無限であるという価値観に転換したことと歩調を合わせています。「人間は進歩するものだ」という思考へのチェンジがありました。常に向上心をもって、精神的にも進歩する。技術も進歩するんだという考え方。これが近代化のきっかけでもあると思います。

しかし、中世の時代は逆でした。人間は堕落すると言う。そう言わないとキリスト教が普及しないですから。アダムとイブが生まれた、そのときが人間の一番いい、素晴らしい状態だった。神の言うことに反したので楽園を追放され、常に堕落していく。堕落するからキリスト教がそれを救いましょうとなる。人間は放っておけばどんどんどんどん堕落していくという考え方です。

それがコペルニクスやガリレオにひっくり返されたわけですから、中世の権威は失墜する。そして北ヨーロッパの国々はベーコンの進歩の概念を取り入れて、技術の進歩をめざす。工業化におくれをとってきたドイツは、ニーチェやカントやヘーゲルが訴えた精神的な進歩を重視するようになる。カール・シュミットが言うように、世界は「技術進歩教」の信者となって、今日よりは明日、明日よりは明後日、という価値観になりました。

進歩とは、動くことです。つまり移動ですね。これまで移動をよしとしない社会だったのに、移動することが奨励される。たとえば、農村の次男や三男が都会に出る。

そこで工場労働者になる。中世の価値観のままであれば、いくら工場主が蒸気機関車を発明したって、価値観が留まることが善であったから、蒸気機関を発明したところで誰も使わず、変わり種の発明品で終わってしまっていたかもしれません。

しかし、移動は進歩であるという価値が付与されて、ヨーロッパ中に鉄道が敷かれ、多くの人々が移動するようになりました。進歩という概念によって、蒸気機関の技術は人々に定着したと思います。

移動して、都会に出る。そこで労働者となり、自動車やテレビを作る。近代以降、移動によって工業化にもっとも成功したのはやはりアメリカでしょう。フォードが典型的な例です。賃上げが実施され、自分たちが作った車を買えるような状況になっていく。自動車の値段は下がり、賃金は上がる。生産と所得が両輪で増え始めていく、という好循環に入っていくわけです。産業革命を果たしたイギリスや工業化に成功したアメリカでは、そういう進歩を甘受することができましたが、新興国はその好循環に入ることができない。

イギリスやアメリカが資本の背景にある貯蓄をいかに得たか。イギリスの歴史で言えば、それはやはり海賊だと思います。今で言えば非合法ですが、昔はそれが非合法とされていなかった。海賊の資金が産業革命時の工場主の資本になったと言われています。アメリカの場合はカギカッコ付きの「新」大陸発見で、ただ同然の土地を手に入れ、労働力はアフリカからつれてきた奴隷に頼りました。これだけの好条件がそろえば経済成長しないほうがおかしいと言えます。

今の新興国、東南アジアの国に資本が不足していると言われますが、イギリスがかつて海賊で得たような方法はもう禁止されているわけで、自力で資本を集めようがないのです。そして現在、ようやく外国資本が入ってきたという状況です。グローバリゼーションとは、ヒト・モノ・カネが国境を越えて新興国に入って、そこで得た利益を本国に戻すというプロセスです。

過剰・飽満・過多のコレクション

先進国は過剰な状態で、途上国は相変わらず欠乏している。何から何まで足りていない。飲み水の不足も深刻です。ではなぜ、先進国はこうも過剰なのか。この疑問に対して納得させられる一冊があります。文明批評家のスーザン・ソンタグが書いた不倫小説『火山に恋して』（富山太佳夫訳・みすず書房、二〇〇一年）です。不倫小説の名を借りて、文明批判をしています。

登場人物の中に、ナポリ在住のイギリスの公使がいるのですが、その人がお茶のパーティーをする場面で、有名な陶器のティーカップをたくさん集めています。そこで招かれた人は「なぜ三つもティーカップを持っているんだ？　一個だけ出してくれればいいじゃないか」と公使に聞くと、彼はこう答えました。「基本的には三つあることを見せびらかしたい。あとは泥棒に入られたら困るから」。招かれた人は「じゃあ二個でいいじゃないか」と言うと、「いや、あなたが割っちゃうかもしれない」。

もしも実際に泥棒が入ったら三つとも盗んで行くんじゃないかと私は思いますけど（笑）。ここでわかることは、コレクターが必要とするのはまさしく「過剰・飽満・過多」だということ。とにかく集めないと気が済まないというコレクターの心理をうまく描いています。コレクターとは、つまりエリート層です。貧しい人はそんなふうにコレクトする余裕がないですから。ヨーロッパでは、自分の美術館を持つお金持ちもいます。日本では企業が運営する美術館もありますが、あまり個人で美術館を所有する人はいません。

何ゆえ蒐集《しゅうしゅう》するかという問いに対して、ロンドンのコートールド・インスティテュートの古典芸術講師ジョン・エルスナーと、カンタベリーのケント大学文芸学科教授のロジャー・カーディナルが、次のように説明しています。「社会秩序を維持するためには収集しなければいけない」という。私は、資本主義の源泉は蒐集、つまりコレクトすることにあると考えています。

社会秩序のために、政治家も蒐集する。とくに市民革命がおきて国民国家の時代になると「あれがほしい、これもほしい」と欲望する国民にきちんと分け与えなくてはいけないから、政治家はその要求に応えようとする。近代以降は資本を蒐集して国民の願望に応えようとするのが政治家の役目ですが、近代以前の社会では「魂」や「土地」を蒐めていました。ここに関してはキリスト教に任せるんですね。十字軍で魂を蒐めに行くのですが、これは一向に成功しない。だけど資本主義は資本を蒐める、財を蒐める。財を蒐めることはすなわち資本です。

日本も半導体工場をいっぱい作って、ついに尼崎に立派なものを建てる。亀山とか堺に作って、蒐めすぎて稼働率が五割になって、ついに台湾とかよそのコレクターに売り渡さなければいけないということになりました。

先進国が近代化するということは、資本主義を導入するということ。すると、先進国はいよいよ過剰になる。「もっと、もっと」という精神です。資本主義には歯止めがありませんから、過剰になっていく。たとえばショッピングモールにしてもそう。店舗の延べ床面積も、広いことが正しいという発想になる。面積が日本一だったり、東洋一だったり、そのような施設ができると、次に誰かがそれを上回るものを作ろうと躍起になる。巨大な資本によって小規模の店はショッピングモールに集約され、資本力の高いいくつかの企業による独占状態となる。

もしかしたら、日本の主要な道路沿いには、端から端まで主要コンビニが並んでいるような街並みになるかもしれません。いや、もう現実的にそういう日本になりかけているのではないかとも思います。もちろんその前に、日本経済か巨大コンビニ企業のどちらかが倒れるんじゃないかという気もするんですが……。

第2章

合理主義は限界に達したのか

近代は科学で物事を解決する時代

前回の講義では「近代」というキーワードが非常にたくさん出てきたと思います。もちろん、現在は近代社会の只中にあります。日常会話でも、しばしば「近代化」「近代的」という表現をしますが、そもそも近代とは何か？　まずはここからお話ししたいと思います。

近代社会の始まりは、一六三〇年代と言われています。その根拠はガリレオとデカルトによってもたらされた科学革命によります。もちろん「科学革命」という名称自体は二〇世紀になってからつけられたものですが。

ガリレオといえば宇宙論で、コペルニクスを引き継いで、キリスト教社会の閉じた宇宙が間違いだと主張しました。しかしキリスト教社会の矛盾を指摘したことでキリスト教から糾弾されてしまいました。

一方のデカルトは、合理性革命で有名です。合理的かつ科学的に考えましょうというのは、当時にしては突飛な発想による思考だったでしょう。合理性という概念をわかりやすく説明すると、「誰が問題を解いても同じ答えが出てくる」ということです。

同じ問題において複数の答えが出てはいけない。誰が実験を行っても同じように証明されなければならないということです。小保方晴子一人でSTAP細胞を発見しても、合理性に乏しかった。同じ手順を踏めば、ほかの人もSTAP細胞を作ることができないと意味がない。中世の医療では、そうした合理性が求められるようなことはありませんでした。それこそ神の手を持った人しか治療できないということも、認められてきた。しかし、近代ではそれが許されないのです。

近代をどう定義するかについては、いろいろな考察があるようですが、もっともわかりやすいのが、アンソニー・ギデンズの「より遠く、より速く、より科学的（合理的）に」でしょう。ギデンズはイギリスの社会学者で、ブレア元首相のブレーンを務めた人でした。ギデンズはまた、『近代とはいかなる時代か？』（松尾精文、小幡正敏訳・而立書房、一九九三年）の著書において「変動の広がり」「変動の速さ」「近代的制度の本質」という三つの言葉で、近代の特徴を指摘します。

「変動の速さ」とは、科学技術の向上によって、スピード化していくこと。「変動の広がり」は、地球上のさまざまな地域が相関関係をもたらしていくことを意味します。これは前回お話しした移動と関わっているわけです。最後の「近代的制度の本質」とは「国民国家という政治システム」「無生物エネルギー源への生産の全面的依存」です。石油などの化石燃料への依存です。それから「生産物と賃金労働の徹底した商品化」、これはいわゆる資本主義システム。こういったことが近代の大きな特徴だと、ギデンズは言っています。「より遠く、より速く」という言葉の真意がここからわかると思います。

そうした合理的な制度が生まれたことが近代社会の特徴である。つまり、近代的資本制度の本質とは、国民国家システムと資本主義と、エネルギー革命の三つということになります。

近代を定義した本には、ギデンズのほかに、『近代とは何か』（藤村龍雄、新井浩子訳・法政大学出版局、二〇〇一年）という本があります。著者はスティーヴン・トゥールミン。イギリスの科学哲学者です。トゥールミンは、近代の起源を「デカルトに始まる一七世紀合理主義に具現されている」と書きました。

デカルトが合理主義という考え方になぜ辿り着いたのか。この時代に何が起きたかというと、カトリックとプロテスタントが血で血を洗う争いに突入した（三十年戦争）ことで、寛容は失敗であると考えられるようになりました。寛容主義でもっとも有名なのは、デジデリウス・エラスムス（一四六九～一五三六）です。エラスムスは「空飛ぶオランダ人」という異名を持つ人物で、実際イギリスやイタリアなどいろんなところを転々としています。世界で最初にグローバリゼーションを体現した人と言っていいかもしれませんね。

エラスムスはオランダ人ですが、カトリックの教育を受けました。カトリック側に立ちながら、カトリックに対して批判的な意見も述べて、さまざまな改革を唱えています。当時、ライバルであるプロテスタントの代表が、福音主義で有名なドイツのルターです。「聖書に書いてあることが正しい」というのがルターの考えですが、エラスムスはルターのこうした思想にも理解を示しました。まさに寛容ですね。

ただ、ルターから「俺の側につけ」と言われたときに拒否して、最終的に仲違いするのですが、それまではどちらか一方の立場に与《くみ》しないという意味では寛容主義だったわけです。一六世紀ヨーロッパで彼はもっとも尊敬され、寛容主義そのものも広く知られるようになったのです。

結局、寛容主義でやっていても何も解決できませんでした。プロテスタントもカトリックもお互いが、俺たちは正しいと主張するのですから、妥協の余地がない神学論争に行き着くしかない。これが「三十年戦争」です。

つまり寛容主義といっても、最後はプロテスタントもカトリックも剣に訴える現実を見て、ヒューマニストは穏健な懐疑論、あるいは寛容主義を放棄して「確実性を有する我々の信念がすべての宗教的見解の間で中立であることを実証しなければいけない」（スティーヴン・トゥールミン）ということになった。プロテスタント側からもカトリック側からも中立である科学に頼る合理的実証を探すことで、「神学の時代」が終焉し、秩序が保たれなくなった時代に対応しようとしたのです。

合理性は政治にも及ぶ

こうして科学でものごとを解決する発想が支持された結果として何が起きたか。神様を追放して国民国家を作ろうということになりました。近代的制度の本質として指摘した三つのうちの一つ、国民国家システムに辿り着くわけです。

スティーヴン・トゥールミンによれば「合理性へのコミットメントは実践的分野にもおよび、そのとき、ヨーロッパ諸国家の政治制度と外交制度は国民を基盤として再編成」される。これは、帝国から国民国家、ネイションステイツに再編されたということです。

では、ここで言う合理性のコミットメントは何でしょうか。それは「絶対君主の権力を行使する者は、少なくとも理論上においては、封建領主の肩書を相続したという事実よりも、むしろ、その統治に合意した人民の意思にあった」。つまり、絶対君主といえども単に親が国王だったから自分も国王になったというわけではなくて、その統治に合意した人民の意思がなければダメだということです。しかも、それは「ひとたび国権の基礎として認められると、政治もまた新しい合理的な観点から分析することができる」。

絶対君主でも人民が納得する合理的な行動をとらなければ追放される。この典型例がフランス革命です。フランス国民が生活できないほど苦しくなれば、どれだけ権力のあるルイ一六世であっても国王としての権力を失ってしまう、ということになりました。

そういう意味では近代の特徴である「より遠く」「より速く」、それから「より合理的に」は、経済面に加えて政治システムにも用いられた、ということになります。

少し話はずれますが、学問の分野で合理的とはどのようなものを指すのか。この問題について宇宙物理学者の佐藤文隆の著書『科学と人間』（青土社、二〇一三年）で図【2-1】のように描かれています。

それによると、学問というものは四つに分類でき、近代化というのは徐々に学問が専門化していくことになりました。図の水平軸を中心から右に行くほど一般人の生存、生活、文化に関わるもの。左へ行く軸は、専門的、専業的、職業的になる。近代は学問が、より専門化していきますから、水平軸が左の方向に行く時代ということもできるわけです。

次に垂直軸は上に行くと物質的なものから離れた世界観、自然観、精神的な営みにより近づいていく。反対に縦軸を下に行くと、物質的、実際的、実践的、ということになる。そうすると、近代はより実践的で専門的ですから、近代の科学は図の左下、数学で言う第三象限になるということです。言い換えると近代は科学と技術が一体化する、より専門的になり、より実践的になる時代といってもいいでしょう。

これに対し第一象限の「ワールドビュー」というのは世界観ですから、こちらは哲学とか宗教。どちらかといえば中世的な色彩が濃い学問ということになります。だとすると、近代と中世はこの学問の分類でも正反対の位置にあるということになりますね。

最近の大学では、教養学部の影がどんどん薄くなっています。リベラルアーツの重要性が低下しつつあります。一年生から実践的な内容を教えたほうがいいと主張する

図【2－1】

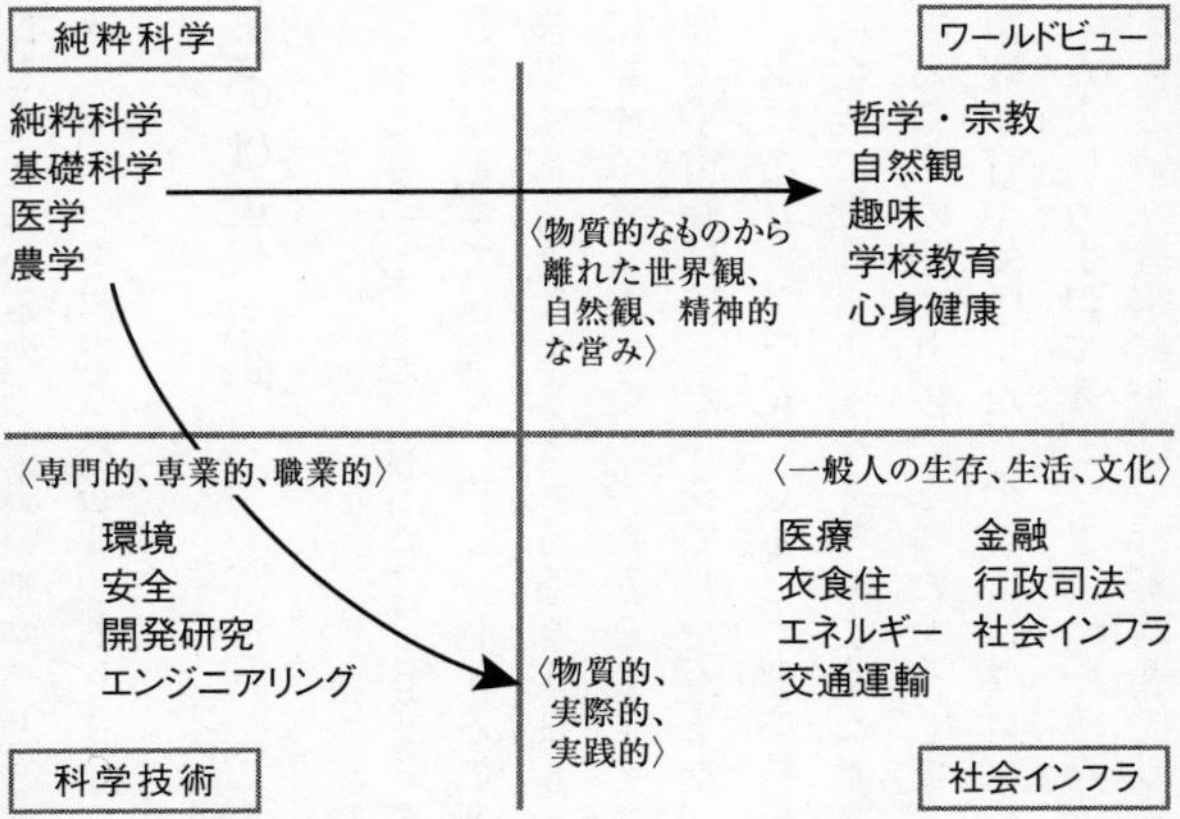

（出典）佐藤文隆『科学と人間』、青土社、2013年

人は、近代が今後も続くと考えているのだと思います。ところが、近代は終わりつつあると考えると、リベラルアーツを重視する必要があります。

進歩が肯定されたのは近代以降

進歩は、英語で「プログレス」ですね。綴りは「progress」ですが、中世の時代には、プログレスという言葉は進歩ではなく、単に移動することを表していたそうです。それが、近代になると移動することに進歩という意味が加わった。なぜそうなったかというと、世界や宇宙に対する考え方が変わったからです。

中世のキリスト教世界で宇宙観は閉じた存在でした。また、当時は農業社会でしたから、定住が前提です。ところが一三世紀になると、農業技術が発達して余剰生産力が急速に高まった。家族全員で畑仕事をしなくてもよくなりますから、都市に出ていく。近代になると移動することが当たり前になった。そして、やがては移動することは善である、という価値観が育っていった。そこで、プログレスにも進化という肯定的な意味が付け加えられたというわけです。

プログレス以外にもproという接頭辞が付く言葉は近代以降、肯定的な意味を持つようになったものがあります。「プロミス」、約束です。約束を守らなければいけない。それから「プロローグ」、始まりです。これから無限の世界に向かって進んで行くぞということですか。意外かもしれませんが、約束を守らないと怒られるというのも、近代以降のことのようです。

それはさておき、この進歩という概念を最初に打ち立てたのがフランシス・ベーコンでした。彼が活躍するのは一六一〇年代。ガリレオやデカルトよりも少し前です。彼の「進歩」という概念は、「人間が自然界に君臨する存在だ」と言い換えることができます。それまでの中世において人間は自然を克服できない存在でした。自然は与えられた予見だととらえられていたのですから、まさに大転換です。

これは、山本義隆が『世界の見方の転換』（みすず書房、二〇一四年）で指摘しています。彼は、一九六九年、東大全共闘の議長として学生運動の中心人物で、伝説的な人でした。今年七五歳になられますが、彼より少し後輩の人が言うには、山本さんが東大に残っていれば湯川秀樹博士を凌ぐくらいの業績を打ち立てただろう、というくらいの天才だったそうです。

『世界の見方の転換』は、そんな天才が書いた本ですから、抜群に面白いです。一、

二、三巻構成で、三巻合わせると一〇〇〇ページを超える大著ですが、時間と根気がある方はぜひ読んでください。ただ、『一六世紀文化革命』（みすず書房、二〇〇七年）やこの『世界の見方の転換』は、山本義隆曰く、自分の本来のフィールドからはずれたものだそうで、だから面白いのかもしれません。

その山本義隆が言うには、一六世紀の文化革命でベーコンは、「人間による自然の利用、ひいては自然の収奪に役立ち、またその実践に即応して発展していく科学という観念」を主張したのです。「彼の主張する新しい学問は、自然に対する働きかけにとって有用であるだけではなく、その経験が有効にフィードバックされる」とも。

そして、「経験に理論を与えることによって、それから理論によって技術開発を導く」。つまり、当時は経験だけに頼っている人は実務の世界の人です。実務の人と理論をやっている人（大学にいる人）という二種類がいて、お互いに交流することがなかったけれど、一六世紀の文化革命になって、実務家の人と大学の研究者が一緒になって技術開発を導いていくことになった。そして、その結果として、「科学と技術の関係は、一九世紀以降には科学の成果を技術的に応用するという形が通常」になった。

一九世紀と二〇世紀でいうと、原子力の成果を原発に応用していくことをイメージすればわかりやすいでしょう。ところが、一七世紀初頭という近代の初期は、「むしろ科学が技術から学ぶ」時代で、技術のほうが先行していた。たしかに、ガリレオも望遠鏡で月や星を観察して、その観測結果から地球が止まっていることを導くことができないということになった。技術が先行していて、それを大学の先生たちが理論化していくという流れです。

さらに山本義隆によれば「先行する技術を科学研究に用いる」「ベーコンのユートピア思想というのは、神秘が大計画や、一つのイデオロギーになる」し、「〝技術と学問〟は〝自然に対する支配権〟を人間に与える」。要するに、中世には存在しなかった進歩という概念をベーコンが打ち立てることで、近代は「科学と技術の時代」となったのです。

進歩には技術と精神がある

ここまでは進歩という概念を、主に技術との関係で説明してきましたが、次に進歩を精神的な進歩の面から考えてみたいと思います。

まず、ヨーロッパの進歩というのは大きく二つの意味を持っています。第一は、イギリスやフランスが中心の技術的な進歩。それに対してドイツは精神的な進歩を重視する傾向がありました。

ベーコンが生まれたイギリスは、蒸気機関車が誕生した、かの産業革命発祥の地ですから、進歩と言えば技術です。ドイツは、イギリスに比べて国民国家統一でおくれを取っていましたから、精神的な進歩を重視する方向へ向かいました。この結果としてドイツで、ニーチェ、カント、ヘーゲルという偉大な哲学者がフランス革命の少し前の一九世紀前半ぐらいに登場することになりました。

「堕落的人間」から、近代は「進歩的人間」にガラッと変わるわけです。

そういう意味で、ベーコンの活躍した一六一〇年代から一六二〇年代にかけて起こった人間観と世界観の変化、そして「科学革命」は、人類史上初めて経験する、そして歴史上最大級の大転換と言ってもいいかもしれません。

シュミットの慧眼

さて近代は科学がなにより重視される時代で、学問はより実践的でより専門的になっていったと言いました。しかし、時代が進むと、そうした近代のあり方に対して疑問を呈する人も登場します。それが、カール・シュミットでした。

この人は一八八八年生まれで一九八五年に亡くなっています。二〇世紀をほぼまるごと生きたわけですが、彼はワイマール共和国の政治学者としては第一人者です。ワイマール共和国というのは、今の日本と同じで、いや日本以上ですか、一年に一人以上も首相が次々と交替して結局何にも決まらないという時期でした。しかし、シュミット個人にとってこの時代は栄光の時代だったわけです。

ところがナチス政権初期に、ナチスを擁護する発言をしてしまう。のちにナチスがとんでもない政権であることに気づいて訣別したものの、時すでに遅し。終戦後はアメリカ軍に捕まり、大学からも追放されてしまいました。その後は公的な役職に復帰することもありませんが、不遇の戦後にも『大地のノモス』（一九五〇年）や『パルチザンの理論』（一九六三年）など名著を残しています。

人生の前半の四〇代までは栄光の時代で、五〇を過ぎてから失意の時代と、くっきりと明暗が分かれているわけですね。一九八五年に失意の中で亡くなるシュミットですが、ベルリンの壁が崩壊して、突如もう一度シュミットのブームが起きます。シュミットを見直せ、というわけです。ご本人は知らないですけどね。

ではなぜ、シュミットが突如蘇ってきたのか。それは一九二六年の段階で、現代の姿を言い当てているからです。

彼は、一六、一七、一八、一九、二〇世紀というのはどういう時代かをそれぞれ定義しました。その時代が抱える問題はすべて、これで解決できないことはない、という観点から各時代を表現したのです。たとえば、一六世紀は「神学の時代」で、一七世紀は「形而上学の時代」。形而上学の時代は、西洋合理主義の英雄時代とも表記していますが、コペルニクスやベーコンやガリレオやニュートンのような科学者が英雄になった時代ということです。彼らはみな、それぞれ合理主義的な考え方を持っていますが、なかでもベーコンが一番でした。

ただ、注意が必要なのは、彼らのような英雄の言っている内容を、当時の人たちが十分に理解できたわけではなかった。コペルニクスなど、死後も長いあいだ教会から追放されて、不名誉の状態が続きます。ルターに至っては、コペルニクスの言っていることはとんでもない嘘だと言い続けています。ルターは相当のインテリですが、それでも理解できなかった。英雄ではあったけれど、「なんか変なこと言っている人たちがいる」という程度だったのかもしれませんね。

そこで一八世紀は、「啓蒙の時代」となりました。ニュートンやガリレオやコペルニクスが言ったことをわかりやすく、当時の人々に伝えていく時代になりました。そして一九世紀は「経済主義の時代」。これは、産業革命が起きて、従来人力や動物の筋肉に頼っていたことを機械に置き換えました。いわば「無から有」が生じたのです。ジェームズ・ワットが蒸気機関車を発明するのは一七七〇年代ですから一八世紀なのですが、鉄道や運河にこの技術が応用されるのは一九世紀になってからです。これによって経済活動が、地球全体に広がっていきました。

当時工場では労働者が劣悪な条件に置かれていたのですが、経済が拡大していけばそれも解消され、貧困問題もなくなる、と考えられました。そして、いよいよ二〇世紀になると、先ほどの山本義隆の本で紹介したように、科学の成果を技術的に応用するという段階に入っていく。こうして、二〇世紀は「技術の時代」で、技術によって克服できない問題はない、という意味ですね。

技術も実は魔術である

しかし興味深いのは、シュミット自身はこの技術というものを信用もしていませんでした。むしろ「技術進歩教が誕生した」と表現しています。宗教の魔術性が技術の魔術性へ転換したとも。近代というのは脱魔術化の時代でした。その前の中世の時代は、占星術師を宮廷に抱えて、来年はどういう年かということを一生懸命占ってもらっていた。占星術というのは星の運行でさまざまな事象の未来を言い当てる技術ですから、これが進歩して精緻化されることで、観測の技術が進歩し、それが近代に入ってコペルニクスの発見に繋がっていく。

つまり、近代とは魔術を信用しない、脱魔術の時代だったわけですが、シュミットは「技術も魔術と変わらない」と言っている。結果から見て彼の一九二九年の段階での分析が見事に当たっていたのは二一世紀に入った現在は疑う余地もありません。

原子力工学の安全神話も完全に崩壊しました。金融工学もリーマンショックや、その前の一九九八年に起きたLTCM危機でその怪しさを露呈させました。LTCMはアメリカのヘッジファンドで、ブラックとノーベル賞経済学者ショールズの二人が確立した「ブラック&ショールズ理論」というハイテク金融工学に基づく運用をしていました。当時このLTCMが主に投資していたのがロシア国債です。ロシア国債に投資すれば絶対損をしないといって世界中からお金を集めました。しかし、絶対に損しない投資などあるはずもないわけで、ロシア国債は暴落して彼らのファンドも破綻。それがきっかけとなって一九九八年のロシア危機になりました。

金融工学や原子力工学が魔術とまで言えるかはともかく、絶対安全だというお題目をみなが信じていたわけで、それが間違いだったことだけは否定しようもありませんね。

あまりメディアでは報道されませんでしたが、二〇一三年八月二八日に日銀の岩田規久男副総裁が興味深い発言をしていました。京都での講演会で「『人々の期待に働きかける』という私の説明を聞いて、おまじないのような話だと思われた方もいらっしゃるかもしれません。しかし、金融政策というものは本来、『人々の期待に働きかけること』を通じてその効果を発揮するものなのです」と言っている。

日銀の金融政策と言えば、近代経済学すなわち科学的な理論に基づいているはずで、さまざまな実証研究をし、その結果に基づいて金融政策の舵取りをしていると多くの人は思っています。ところが、金融政策の責任者は多くの人がおまじないや魔術のようなものだと思っているかもしれないと弱気な発言をしてしまったわけですから、これは衝撃的です。しかも、岩田規久男は経済学の分野では重鎮の一人。ケインズ派が吉川洋だとすれば、岩田規久男はリフレ派の筆頭といってもいい人物。両横綱の一人です。十両クラスならご愛嬌なのでしょうが、一方の横綱が、自分たちのやっているのは魔術だと思われているかもしれないと言ったわけで、その意味でもシュミットが一九二九年に言った通りのことが現実になりつつあるということでしょう。

ベルリンの壁崩壊で再評価されたシュミット

では、なぜシュミットが八〇年以上前に、あたかも予言者のように現在の姿を言い当てることができたのか。私は、彼の受けた教育と関係があるのではないかと考えています。

シュミットはドイツ生まれですが、カトリックの教育を受けている。両親もドイツ出身ですが、ローマカトリックの信者だからです。ところが、近代というのはプロテスタントが作った社会ですから、プロテスタントを快く思っていないがために、近代に対しても懐疑的なのでしょう。

その根拠として私が注目したのが「技術進歩教」という表現です。シュミットによれば、エリートとちがって「大衆は（略）奇蹟と来世の信徒から一挙に、人力の自然支配という技術の奇蹟の信徒となった」。それゆえに「宗教の魔術性は技術の魔術性へと転化した」と結論づけたのです。

これをもっともよく表しているのが、原子爆弾ですね。アインシュタインなどの物理学者はなにも原子爆弾を作るために原子力を研究していたわけではありませんが、原子爆弾として応用され、最終的にはアメリカのマンハッタン計画によって強力な政治に利用されることになりました。

さらにシュミットはこう続けます。「現代は、政治的なものが失われる過程の最終到達点にありながら、政治的なものが復権する最大の可能性を秘めた歴史的地点である」と。彼がこの文章を書いたのは一九二九年ですから、ここで言う現代とは、第一次大戦が終わって第二次大戦に入る直前です。ナチスが第一党になるのは一九三二年で、そのころのドイツはまさにワイマール共和国が崩壊する直前。ワイマール共和国の政治学で第一人者だったシュミットからすれば、政治的なものが失われる時代そのものだった。政治的なものが失われる過程の最終到達点だからこそ、「現代は政治的なものが復権する最大の可能性を秘めた歴史的地点である」、と結んでいるのではないでしょうか。

問題は「政治的なものの復権」とは何か。答えは二通り考えられます。

一つはナチスでしょう。二九年の段階でナチスがやがて政権を取るということを予見していましたから。もう一つは二九年に「中立化と脱政治の時代」を著した時点で、この論文を「根源に立ち返って新たな秩序が生まれるであろう」と結んでいることからしてすでに第二次大戦に突入していくのではないか、と予見していたのかもしれません。

先に紹介した文章は、カール・シュミットがかなり若いときに書いたものですが、のちに「近代文明」とは何かという定義もしており、こちらはさらに刺激的な記述が並びます。

それによると、近代文明とは「超越的なるものを放棄し、正義を力に、信義を予測可能に、心理を世論の合意に、美を趣味に、キリスト教を平和団体へと、価値を変造した」ものであると、かなり痛烈に批判していますね。神様を放棄して正義は力に変わっていくわけですから、力のある人が正義だということになり、予測可能なことが信義になってしまう。逆に言えば、予測が不可能な事態になると、それは信義からはずれるということになる。しかも、真理というのは単に世論の合意ですから、世論で合意できたことが真理ですよということです。この点について、民主主義がポピュリズムに陥りやすいということを指摘しているのであって、まさに二一世紀の劇場型政治以降そうなっているような気がします。

そして「美は趣味」になる。中世には神を崇めて描いていた美術は悪趣味なものにかわってしまったし、「キリスト教も平和団体」になり下がってしまう。もうキリスト教には何も力がないということでしょう。戦争を食い止めるような力はまったくないものに「価値を変造した」張本人が近代文明だと、シュミットは言っているわけです。

この定義を見る限り、彼にとって近代文明は、そんなにたいしたものじゃない、ということでしょう。むしろ否定的に見ているととらえたほうが正しいかもしれません。だからこそ、ベルリンの壁が崩壊したら、突如シュミットブームになるわけです。

ベルリンの壁が崩壊し、それに続いてソビエト連邦が解体されると、一九九二年にはマーストリヒト条約によってユーロが誕生したわけですが、シュミットブームが起きるのは、この直前でした。多くの人のあいだでユーロが実現するだろうということを確信した時期と言ってもいいでしょう。

ここがポイントで、前にも説明しましたが、政治システムとして近代は、国民国家の時代でした。だとするとユーロというのは、近代の枠を超えることをめざしたものになるわけです。そんなとき、シュミットという人が、大昔に近代を冷ややかに見ていたぞと思い出したのです。それでシュミットがもう一度脚光を浴びてくることになったのです。

ベルリンの壁が崩壊したあとにカール・シュミットがブームになったことを、これまでにお話ししましたが、この点についてさらに掘り下げてみたいと思います。

第3章

株式資本主義はいつ誕生したのか

米ソの冷戦は生産力の戦いだった

一九八九年一一月一〇日、ベルリンの壁の崩壊がきっかけになって、一九九一年一二月二五日、ソビエト連邦が解体しました。国家が解体するということは、近代という枠組みが崩壊したことを意味します。なにしろ国民国家こそが、政治において近代の象徴で、それが崩壊するのですから、これは一大事件です。しかもソビエトは、アメリカが西の横綱だとすれば、ソ連は東の横綱。それが解体するというのは、もう近代の前提が崩れかけている、ということになるわけです。

では、アメリカとソビエトが繰り広げた冷戦とは何だったのでしょうか。

近代の前提というのは主権国家ですが、初期の段階は絶対君主制国家でした。ルイ一四世や一六世が治める社会です。ところがフランス革命が一七八九年に起こり、専制君主が倒れると、これをきっかけに三つのイデオロギーが生まれました。

一つ目は「保守主義」、二つ目は「リベラル派」あるいは「改革主義」、それから「急進派」です。急進派はやがて社会主義に発展していきました。保守主義は昔の伝統を重んじる人たち。リベラル派が重視するのはもちろん自由です。保守主義者もリベラル派も資本主義の側に立っています。

ただ、面白いのは、自由を重視して（資本主義）も、平等を重視して（社会主義）も、最終的には一つの方向に向かっていく。それは経済的豊かさの追求です。そもそもフランス革命は、極論するとみなが王様のような豊かな暮らしをしたり、自由な生活をしたりしたいという願望に駆りたてられた運動です。そうなると革命後の政治は、それに応えないといけない。自由を重視したリベラル派も、平等を重視した社会主義派も、結局めざすところは生産力の向上以外にはありえない。その意味で冷戦とは、社会主義と資本主義のどちらが生産力を高めるうえで優れたシステムかを争うレースであると言い換えることもできるわけです。

では、社会主義をベースに計画経済でやるほうが優れていると考えたソビエトと、市場を通じて自由に競争させることが一番だと考えたアメリカの競争は、何をもたらしたか。まず、計画経済によって生産力が高まったのは軍事力でした。ミサイルや戦車の数は圧倒的にソビエトのほうがアメリカを凌いでいた。ところが、テレビや冷蔵庫などの民生品の分野は圧倒的にアメリカの勝利です。

生産力を高める競争ということでは一勝一敗ですから、引き分けでもいいのですが、ご存じのとおりソ連の負けということで両者の戦いは決着した。それは、ソビエトでは民生品があまりにも不足したからです。特にゴルバチョフ時代には、スーパーに行っても棚に品物がないという状況でした。こうなった原因はゴルバチョフ以前の共産党指導部にあるのですが、彼らはすべての責任をゴルバチョフに押しつけて彼を追い出してクーデターを起こした。そのあとをモスクワの市長で急進派のエリツィンが引き継いだものの、市場経済に極端に振れすぎてしまったために状況を改善することはできず、またそのあとは保守派のプーチンがようやく秩序を回復させました。

混乱の連続ですが、その中で近代について冷ややかに見ていたカール・シュミットが見直されていく。

世界の歴史は陸の国と海の国の相克

シュミットの『政治神学』(田中浩、原田武雄訳・未來社、一九七一年)が発表されるのは一九二二年ですから、彼自身は近代のあとにくる世の中について書いていたわけではありません。

シュミットは「二〇世紀のホッブズ」と言われる人物です。ホッブズは近代の理論的支柱を作ったともいわれる偉大な哲学者で、もっとも有名な著作が『リヴァイアサン』（一六五一年刊。邦訳は水田洋訳・岩波文庫、全四冊、一九八二－九二年改訳版）でしょう。

シュミットはホッブズの『リヴァイアサン』の研究を通じて近代とは何かということを一生懸命研究して、先の結論に辿り着いたわけです。

ホッブズ研究の中でシュミットはもう一つ、現代を言い当てたような主張をしていました。一七世紀半ばの世界史は、陸のスペインと海のオランダ・イギリスが戦った時代でもあるわけですが、その研究からシュミットは、「世界史は陸と海のたたかいだ」と言っています。

紀元前二六四年から、同一四六年のカルタゴ滅亡にいたるまでの、三度にわたるポエニ戦争では、カルタゴが海の国で、ローマが陸の国。この戦いにローマが勝って、地中海の西側は平和の湖になりました。時代を下って紀元前三一年になると、アントニウスとクレオパトラの連合軍がローマのオクタビアヌスとアクティウムの海戦を戦ってローマ軍が勝ち、地中海の東側も湖になった。そして、紀元前二七年にオクタビアヌスは元老院よりアウグストゥス（尊厳者）の称号を与えられ、ローマ帝政が始まりました。これは、要するに陸の国が地中海という海をすべて湖にする戦いである、とシュミットは分析しています。

たしかにフランスとドイツはしばしば戦争しているけれども、両方とも陸の国。海の国といえば、イギリス、オランダ、アメリカの三カ国が代表ですが、この三つの国が戦争をしたことはありません。歴史が大きく動く転換点では常に陸と海の国が正面衝突していますが、海と海の国は激しく対立しないとも言っています。

これは現代にも当てはまります。二一世紀に入って、BRICsが台頭してきましたが、BRICs諸国はどこも陸の国です。ロシアもインドも陸の国。これに対しG7は基本的に海の国でした。つまり、海の国が近代をつくったと言ってもいいでしょう。ドイツやフランスは本来、陸の国ですが、海洋国のふりをしています。日本はもちろん海洋国です。ところがG20になって、一三カ国が増えたことで話が複雑になった。新たに加わった国の大半が陸の国だからです。

陸の帝国であるソビエト連邦が解体し、その後BRICsの時代になって、シュミットがかつて言っていたことが、ことごとく現実になっているわけです。彼は一九八五年没ですから、あと七年長生きしていれば、そのことをどう思ったのか、そしてこれからどう世界が動くと思うか、ぜひ彼にインタビューしてみたかったと思います。

早すぎたヘドリー・ブルの考察

シュミット同様、二一世紀に入って俄然注目度が高まったのが、ヘドリー・ブルです。彼は、その理論的考え方が、今のユーロの基本になったとも言われる人ですが、『国際社会論』（臼杵英一訳・岩波書店、二〇〇〇年）にある「主権国家システムを超えて」で、主権国家の賞味期限がきたら、近代システムを超える新しいシステムを作る必要があると言っています。

彼がこの意見を発表したのは一九七七年ですが、実はこの年に非常に意味がある。この年はイラン・イスラム革命が起きる二年前。ホメイニ革命とも言われますが、これでパーレビ王朝が倒れます。しかも、七九年には第二次石油危機も起きている。七四年の第一次石油危機で、石油の重要性に気付いていれば、近代システムを超える必要があると、考えると思います。

この石油の話はのちの講義でお話ししますが、とりあえず当時の人は、近代システムが危機であるという認識はなかったと思います。このためヘドリー・ブルが近代システムを超えて、などと言っても、学会ではまったく相手にされませんでした。結果、彼は一九八五年、失意のうちに五三歳という若さで世を去るのです。

しかし、ヘドリー・ブルもシュミットと同様、今になって再評価が進んでいます。ヘドリー・ブルが言ったとおりに世の中は動いているからです。彼が生きていたら、おそらくノーベル賞を取ったのではないでしょうか。オバマ大統領はスピーチだけでノーベル平和賞を取っているわけですから、ヘドリー・ブルの貢献のほうが圧倒的に高いと思います。なにしろユーロというのは、独仏がもう戦争をしないという枠組みですが、それを理論化したわけですから。二〇一二年にはユーロが、「ヨーロッパを戦争の大陸から平和の大陸に変えた功績」によってノーベル平和賞をもらえたのも、ヘドリー・ブルがいたからと言ってもいいでしょう。

科学革命により進歩が肯定される

アンソニー・ギデンズは、近代の特徴を三つ挙げています。すなわち、「変動の速さ」「変動の広がり」「近代的制度の本質」です。「変動の速さ」「変動の広がり」はそれぞれ、より速く、より遠くと言い換えることができます。では、三番目の特徴である「近代的制度の本質」とはなんでしょうか。

簡単に説明しますと、「近代の社会制度と伝統的な社会秩序とを区別する非連続性」が存在するということです。つまり、中世から近代に移るときには大きな断絶が起きるというわけです。

この断絶の一つが「変動の速さ」です。特に鉄道と運河の時代になってからは顕著になりました。さらに二〇世紀になって飛行機が登場すると、さらに速度が増しました。ただし、飛行機は二一世紀で限界に達したと言われているようです。コンコルドはマッハ2で飛びましたが、墜落してしまいました。しかも、多くの燃料を消費しすぎることも時代に合わなくなって二〇〇三年一一月に引退しました。戦闘機はマッハ3ですから、技術的にはこれも可能なのでしょうけれど、普通の人はみな気絶してしまいます。現実的には無理でしょうね。

ただし、二一世紀に入ってからは、飛行機などによる物理的な速度とは別の速度の追求が始まりました。金融取引です。証券取引では、回数の速さを求める時代になりました。ハイ・フリークエンシー・トレーディングという言葉を聞いたことがあると思います。一万分の一秒で注文が出せるそうですね。一万分の一秒で買って、一万分の二秒目には売ってしまうわけです。これでも驚いていましたら、今はもっと進んで一〇億分の一秒を縮める競争をしています。二一世紀の「変動の速さ」は、明らかに異常だと思います。

二つ目の断絶が「変動の広がり」。これは主に地理上の発見です。現代で言えば、アフリカのグローバリゼーションということになりますか。経済がアフリカを巻き込んで一体化しようとしています。

第三の「近代的制度の本質」とは、具体的には、国民国家という政治システムと、次に無生物エネルギー源への全面的依存を意味します。

それまでは牛や馬で荷物を運んでいましたが、鉄道と運河の時代になって化石燃料を使うようになりました。一〇両編成や三〇両編成の貨物列車を時速一〇〇キロで走らせて、モノやヒトを大量に運ぶようになり、牛や馬の時代とは比べものにならない移動ができるようになったわけです。やがて資本を持つ人と、資本を持たない人で階級が分かれることになりました。今で言う工場制資本主義の導入。これらが近代の特徴です。

これら「より遠く、より速く、より合理的に」というギデンズが言う三つの特徴は、目に見える水面上の特徴ですが、水面下でも変化は起きていました。

一六世紀、正確に言えば一四五三年から一六五〇年までの約二〇〇年を、「長い一六世紀」と言いますが、この間に起きたのが「科学革命」です。意外でしょうが、それ以前に科学という学問は存在しません。あるのは占星術だけでした。それから聖書の解釈である神学です。科学の定義は前回説明しましたが、ひと言で言えば実験によって検証をする学問ですが、その科学革命を起こした第一号が、コペルニクスでした。一五四三年、長い一六世紀の折り返し地点に、彼は高校の教科書的に言えば「天動説から地動説に変えた」のです。ただ、彼が本当に画期的なのは「閉じた宇宙から無限の宇宙に変えた」こと、これこそがコペルニクスの偉大な業績なのです。

これは、前回紹介した山本義隆の『世界の見方の転換』に詳しく書かれていますが、彼によって閉じた宇宙は無限の宇宙に変わり、それを天体観測で実証したのがガリレオだということになります。このため科学革命といえばガリレオの名前が出てくるわけですが、厳密に言えばコペルニクスでもう革命は起きていたのかもしれません。

彼の時代は高性能の望遠鏡がなかったから頭の中で考えただけで、証明できなかったということ。科学というのは実証しなければいけないのです。

こうして彼らの功績によって宇宙が無限だということが広く知れ渡るわけですが、それは単に科学的な発見にとどまらず、人々の思考も大きく変化させ、フランシス・ベーコンが言うように、「技術は不断に成長する」ことになりました。

さらにベーコンから八一年後にニュートンが出て、時間も永遠になります。中世まではキリスト教の「終末論」を多くの人が信じていましたから、六〇〇〇年で世界は終わることになっていた。さらに言えば、キリスト教では、人間は堕落して右下がりになるという基本的な考え方があります。だから教会が救済してあげましょうということだったわけです。

ところが、コペルニクスによって宇宙が無限になったために、安心して進歩できることになった。進歩に限界はないからです。進歩というのは、具体的には自然を技術によって克服する、ということです。人間のために自然も利用してかまわない、と考えるようになった。自然との関係や人生観が一八〇度変わったと言ってもいい。だからこそ革命なのです。

ベーコンが「技術は不断に成長する」などと大げさに言う以前に、船乗りたちは未知の世界を求めて冒険を始め、大航海時代の幕を開けたのです。西回りで航海を続ければインドに辿り着くはずだという言葉を信じて実践した結果、西インド、アメリカに到達したわけです。つまり、世の中を動かす人は理屈などないときから行動し、理論というのは常にそのあとから出てくるものなのです。

経済も無限の世界に対応する

こうして、コペルニクスとベーコン、さらにニュートンの登場で、「より遠く、より速く、より合理的に」という近代の考え方が確立されたわけですが、それは同時に地球という空間に対する概念も転換していきました。

中世までは陸の時代ですから、当時の先進国だったスペインやイタリアにとって地中海は閉鎖の海です。大きな湖ととらえていたと言ってもいいでしょう。宇宙が閉じている以上、地球も閉じており、地中海も閉じていなければいけないわけです。

ところが大航海時代にはいり、七つの海が広がっていることがわかった。これは当時の人から見れば、無限の空間が存在するのと同義語でしょう。なにしろそれ以前の中世までは、世界にはヨーロッパとアジアとアフリカという三つの大陸しかなかったのですが、一気に五大陸になる。南極も含めれば六大陸。しかも、ニュートンのおかげで時間までが有限から無限になった。

当然ですが、これらの発見により人々の生活にも大きな変化が生まれます。

たとえば、経済活動。中世の地中海世界では時間に終わりが決まっていますから、一回限りの事業清算型の資本主義でした。「博打資本主義」とも言われています。どういうことかというと、当時は、商人が隊列を組んでゴマとかコショウなどの香辛料を買い付けに出かけていました。生肉にコショウをふりかければ長持ちしますから、それだけで肉の価値が何倍にもなるわけです。香水も貴族の必需品でしたから高値で取引されていました。しかしこの当時、地中海から喜望峰回りの航路は発見されていませんから、インドに行くためにはペルシャなど異民族の国を通らなければならない。

そのため買い付けに行ってもペルシャに襲われて帰ってこられなかったこともありました。まさに一か八かですが、それだけのリスクを負っても出かける価値があったわけです。ただ、会社としては一度の航海ごとに利益を清算して投資家に分配しなければいけません。利益をプールして次の買い付けでペルシャに捕まったらすべてなくしてしまうからです。

ところが時間も空間も無限になると、危険を冒して陸地を通らなくてもよくなった。海の航海も危険ですが、陸地よりも安全でした。この結果、会社の命を永遠にする必要が生じ、株式会社という概念が生まれた。こうして一六〇二年に設立されたのがオランダ東インド会社でした。

経済活動で言えば、閉じた空間の中で商売をしているあいだは金と銀で十分でしたが、無限になったことで貨幣経済も発達します。

当時で言えば、金はアフリカ、銀はドイツ銀山が中心でした。ドイツの銀山を取り仕切ったのが「フッガー家」ですが、それで十分こと足りたわけです。ところが七つの海を股にかけて商売をするようになると、スペインは南米ボリビアのポトシ銀山から大量の銀を運んできました。それでも、金と銀だけでは供給量に限りがありますから、別の交換材料が必要になる。

そこで考案されたのが紙幣です。紙幣を刷って金や銀の代わりにすれば、無限のチャンスが出てくるわけです。こうして刷った紙を新大陸にもって行って使うことで、現金決済から解放されるわけです。一六六一年に発行された世界で最初の銀行券がストックホルム銀行券でした。これによって、預金を預かって、貸し出しをする、という今の信用創造が生まれました。

こうして地球や時間が無限になった長い一六世紀には、プログレスという言葉に、前に一歩出ることという価値が加わり、前向きな言葉になっていったわけです。

第4章

富は分配できない

生活、経済、国家、すべてが合理的になった近代

近代の特徴は「より遠く、より速く、より科学的に」という行動原理に基づいているということでした。それは企業活動もそうですし、一般の生活も早くやりなさいとか、急ぎなさいと、なった。多分、みなさんも親からよく言われたと思いますが、これこそ近代の象徴です。

これら三つの特徴は、中世や古代にはまったく存在しなかったものでした。近代的制度の本質が科学的に、あるいは合理的にだとすれば、先ほどのギデンズが言う国民国家システムも同様です。国民国家システムというのは、国民国家の中には絶対君主制も入っているし、フランス革命以降の市民社会も入っています。国民国家とは、国境を決めて、国境の中、つまり内政についてはお互いに干渉しない。そして国境の中ではトップの人を決めて、その人が責任を持って国境内で政治をやっていくのが基本です。隣の国のトップについていいとか悪いとかはもう言ってはいけない。そういう政治制度です。

形の上で世界二〇〇カ国あるすべての独立国が平等である。二〇〇カ国の上にさら

に上位に立つ主権者はいないというのが、近代なのです。つまり、絶対君主であっても合理的な政治をせずに統治すれば、合意した人民の意思に反してしまう。名前は絶対君主でも、昔の君主と比べると非常に立場が弱いわけです。近代的制度の本質の一つである国民国家システムも、より合理的な基準を求められるということに進化していったわけですね。

進歩とは豊かさの追求である

さて、成長という言葉を聞いて、みなさんは何を思いますか。

企業は毎年成長するよう努力すべき存在である。成長をめざさないのは怠け者である。そんなところでしょうか。

今では当たり前の「成長」という概念ですが、実は近代までは存在していませんでした。

では、何が成長するのでしょうか。

ドイツ・ロマン主義においては、人間の精神が成長するととらえました。一方、イギリス流の進歩主義においては物質的な面での進歩を重視します。ドイツは物質的な進歩で出遅れたため進歩とは人間の精神だと言ったのでしょう。

前者における成長あるいは進歩というのは、人間を物理的に豊かにすることですが、それは人間が自然をコントロールする、または操作できるということ。自然は人間のために役立つということが前提になります。自然は人間のために役立つための存在だから、山を切り拓いて木を切るのも許される。さらに木炭にしてエネルギーに変えてもいいわけです。

では、物質的な豊かさとは何であって、それをどう計ればいいか。経済学の父と言われるアダム・スミスは、一人当たりのGDPが豊かさを計る指標だと言いました。彼がこれを言った当時は、一人当たりGDPという言葉はありませんから、当時は一人当たりの生産力と言っています。生産と所得は一緒ですので、一人当たりの生産力は、今の経済用語で言えば、一人当たりGDPということになります。

一人当たりGDPとは、文字通りGDPの総数を人口で割った値で、この値を大きくしましょうということが、近代の成長ということです。

特に今の途上国は、一人当たりGDPをいかに引き上げるかが課題になっています。逆になぜ多くの先進国で一人当たりGDPに関心がないのかというと、分母である人口の増減は、政策で直接的に動かすことができないから。人口が動かせないとすれば、一人当たりの生産力を上げるには、分子のGDPを押し上げるしかないわけです。

GDPは市場規模と交易条件が決める

近代の特徴である「より遠く、より速く、より合理的に」というスローガンが、GDPとどう関係してくるかを説明していきましょう。

そもそもGDPの増減は、市場の大きさと、交易条件という二つの要素によって決まります。これを示したのが図【4－1】です。墨色で示した部分の面積が、おおむね実質GDPということになります。このうち、「より遠く」「より速く」が、市場の拡大と直結します。なぜならより遠く、より速くに行くとは、それだけ市場を拡大させることになるからです。今で言えばアフリカに進出して市場化しよう、ということでしょうか。それが実現すれば、アフリカで暮らす一〇億人が、日本製品、あるいは中国製品を買ってくれる。つまり、市場が拡大すれば、販売数量が増えることになるのです。

もう一つの交易条件は、国際貿易における交換比率のことで、輸出財一単位と交換で入手することができる輸入材の数量を示したもの、ということになります。つまり、安く仕入れて高く売ることができれば、付加価値が大きくなる、ということです。

では付加価値とは何かというと、売上から仕入れ額を引いたもの。これは粗利益とも言います。企業の損益計算書で言えば、貸方に売上があって借方に仕入れ、あるいは経費がくる。売上から仕入れを引いたものが粗利です。この粗利が、人件費や企業利益、工場の維持費などの固定資本減耗になるわけです。

交易条件が改善するということは、粗利益が改善するということなので、先ほどの人件費や企業利益などを増やすことができます。どれか一つの場合もあるし、全部が上がるときもありますが、全部が下がることはありません。ただ、最近の日本では、粗利益が改善しても、人件費はなかなか上がらなくなっているようです。

一方、売上高とは販売価格に販売数量を掛けた値で、仕入れ額は仕入れ価格に同じく販売数量を乗じて計算します。従って、付加価値、つまり粗利益は販売数量×（販売価格－仕入れ価格）で求められるわけです。

交易条件は輸出物価÷輸入物価で計算できます。そして、この輸出物価は、販売価格とほぼ等しくなる。厳密に言うと輸出物価と販売物価は違うのですが、輸出物価は販売物の一部が輸出されるので、ほぼ等しいということになるわけで、他方の輸入物価はほとんど仕入れ価格と同じ動きをします。

図【4－1】近代の成長メカニズム

X－Y軸：実物投資空間（名目GDPと雇用を生み出す空間）

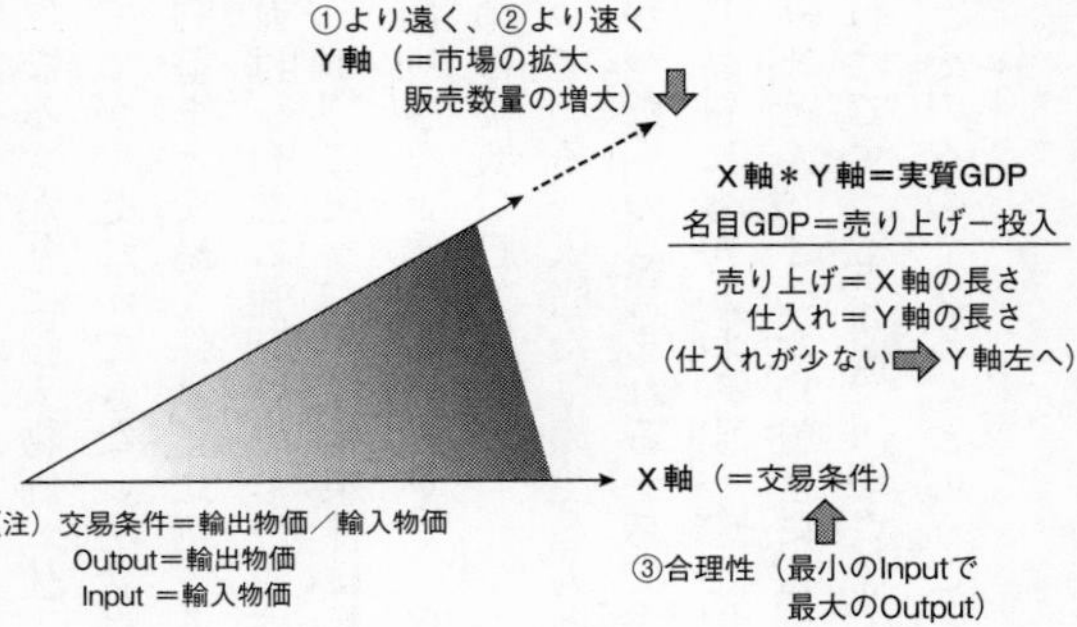

（注）交易条件＝輸出物価／輸入物価
Output＝輸出物価
Input ＝輸入物価

成長＝実質GDP（付加価値）の増加

〈近代〉＝セブンメジャーズの時代
交易条件が改善、ないし一定であれば、
売上高を増やすことに専念

〈イスラム革命（1979年）〉
⇨交易条件改善の前提が崩壊

だとすると、交易条件の値を大きくするためには、輸出物価を大きくするか、輸入物価を小さくすることになる。かりに輸入物価（仕入れ価格）が一定なら、輸出物価を大きくすればいいのですが、それができない場合は、付加価値、つまり粗利益が減少します。つまり、粗利益率と交易条件は正比例することになるわけです。逆に言えば、交易条件が改善すれば、自然に粗利益率も改善するということになります。

さて、ここで図【4－1】に戻って、交易条件は粗利益とほとんど正比例でしたから、水平軸（X軸）は粗利益率と言い換えていい。Y軸の場合は販売数量ですから、X軸とY軸を掛けたものは実質GDPですね。

アダム・スミスが言っている一人当たりの生産力というのは、実質でした。名目だと単に便乗値上げで上がったものも含まれるからです。単純に性能がよくならないのに、去年とまったく同じ品質にもかかわらず一〇〇円を一一〇円に上げるというのは、豊かさには何ら関係ありません。このため厳密に言う一人当たりGDPは、実質GDPでなければいけないわけです。「より遠く、より速く、より合理的に」というのも、実質GDPを増やすことそのものである、ということになります。

悪化する日本の交易条件

交易条件は、輸出物価と輸入物価の比率ですから、指数として表示されます。指数なので、たとえば二〇〇〇年基準など、必ずどこかの時点を一〇〇にして、その後この数字がどう変化したかを見ていこう、というものです。二〇〇〇年が基準だったら、二〇〇〇年の交易条件は、分子も一〇〇、分母も一〇〇となり、交易条件指数は一〇〇になる。指数化するのは、輸出財一単位と交換して手にできる輸入材の量がわかるようにするためです。輸出財一単位を相手に渡して、自分が引き換えに入手することができる輸入材の量です。なるべく支出、すなわち仕入れは少なくするほうが、粗利を増やすことにつながるということです。

日本の場合で言うと、輸出は主に自動車や電気、機械などですから、自動車一台を相手に渡して、輸入材として日本にとって一番大事なのは化石燃料ですので、なるべく多くの石油を手に入れたいということ。この比率が大きいほどトクということになります。

商品交換条件とか貿易条件とも言われるのもそのためですが、最近は交易条件という言葉が一般的に使われています。計算式は（輸出物価÷輸入物価）。ある年に一〇〇だった交易条件指数が、翌年に九〇になれば悪化へ向かっている。一一〇に向かっていれば改善です。

残念なことに日本は九〇年代半ば以降、交易条件は悪化の一途を辿っています。なぜでしょうか。輸出物価はほとんど上がっていないのに対して、輸入物価が上がっているからです。特に日本の主な輸出品である自動車では、アジア向けの輸出が増えていますが、高級車ばかり輸出することはできません。そのため、輸出物価は上がらないのです。同様に日本がこれまで得意としていたカラーテレビも、パネルの値段がどんどん下がって輸出物価が上がらなくなってしまいました。

これに対し、輸入物価は上昇トレンドが続いています。たとえば一九九〇年代の半ばに一バレルの原油はだいたい二〇ドルで買えました。バレルとは樽のことで、およそ一五九リットルです。しかし、一バレル二〇ドルだった原油がどんどん上昇し、一時は一四〇ドルを超えてしまいました。二〇一四年以降、原油価格は下落に転じ、二〇一六年春には四〇ドル程度ですが、それでも九〇年代に比べれば二倍。原油も投機の対象になっている現代では、この先どう動くかを予想するのは簡単ではありません。

ポイントはBRICs諸国を中心とする新興国の経済が現在一時的に減速しているだ

けなのか、あるいは、新興国の高度成長は終わってしまったのかどちらかによります。前者ならば再び資源に対する需要が高まって原油価格は上昇していくでしょうし、後者となれば原油価格は上昇してもせいぜい六〇ドル程度でしょう。後者の可能性が高いと思います。いずれにしても輸出物価は全然値上がりしない一方で、分母の輸入物価は大きくなっているのですから、交易条件が悪化し続けているのです。

では、交易条件の悪化が何をもたらすのかを見ていきましょう。

日本の場合の主な輸出品は自動車、輸入は原油で考えていきます。注意が必要なのは、輸出物価と輸入物価は同じ単位で計算しなければいけないということ。たとえば円建てなら輸入も輸出も円、ドル建てならどちらもドルですが、どちらかに統一していればかまいません。

たとえば二〇〇〇年に二〇〇万円だった自動車が、二〇一六年には一生懸命付加価値を高めて三〇〇万円になったとします。すると自動車の輸出物価指数は二〇〇〇年を一〇〇として計算すると、一五〇に高まります。それに対し輸入価格は原油の価格は二〇〇二年あたりまでは二〇ドル台でした。一九七四年の第一次オイルショックから二〇〇二年までは平均して二〇ドルです。上は三〇ドル、下も一〇ドル台ですから、ならせば二〇ドルでいいでしょう。その後は一年ごとにおよそ一〇ドル上昇しています。ただ、リーマンショックの二〇〇八年は一〇〇ドルに跳ね上がりました。円換算の価格は、単純化のために一ドル一〇〇円としますと、一バレル二〇ドルなら二〇〇〇円。その後一〇〇ドルになると約一万円です。二〇〇〇円が一万円になったので、輸入物価指数は一〇〇から五〇〇に上がっているということです。

交易条件は、数量のことは考慮せず輸出物価を輸入物価で割った数字でした。基準年は輸出・輸入どちらも一〇〇だったものが、輸出物価が一五〇に、輸入物価は五〇〇になっていますから、交易条件は、一〇〇から三〇に大幅に悪化したことになります。

反対に輸出財一単位を相手に渡して、その代わりに入手できる輸入材の量を計算するとどうなるでしょうか。二〇〇〇年に、一台二〇〇万円の自動車で買える原油の量は、一〇〇〇バレルでした。ところが二〇一五年は自動車一台の価格は三〇〇万円になりましたが、原油は一バレル一〇〇ドルになったため、原油の量は三〇〇バレルしか手に入りません。自動車一台でかつては一〇〇〇バレルの原油が手に入ったのに、今は三〇〇バレル、つまり三分の一になってしまったということです。輸出物価と輸入物価の比率というのは、最終的には値段の比較が数量に置き換えることができるということです。

交易条件の改善が先進国の経済拡大を支えた

では、なぜ、原油価格はこれだけ上昇しているのでしょうか。

図【4-2】は、過去一五〇年間の原油価格を示したものですが、これを見るとわかるように、一八五九年にアゼルバイジャンの首都バクーで最初に石油が出て以降、一九七〇年までは一ドルから二ドルです。それが、一九七四年一〇月の第一次オイルショックで一二ドルに跳ね上がりました。そして一九七九年二月の第二次オイルショック、さらに七九年二月にイスラエルがエジプトと戦った第四次中東戦争が始まったことで三〇ドル台になっています。

第二次石油危機によって、アメリカと協調路線をとっていたパーレビ王朝が倒れ、国王はロンドンに亡命しました。宗教最高指導者で大統領よりも偉いと言われたホメイニ師が代わりにロンドンから凱旋将軍で帰ってくるのが七九年の二月ですが、これを機に四〇ドル直前まで上昇しました。

七〇年代後半には、日本は自動車の燃費を向上させたり、冷蔵庫の消費電力を下げたりしたことで省エネに努め、交易条件に動きがありました。

二〇〇〇年代に入り急激に上昇しているのは、新興国の台頭が主な理由です。中国が世界の工場になり、BRICsの近代化が始まりました。それまでは先進国のおよそ一四億人がエアコンのきいた部屋で暮らして自動車に乗っていたのが、BRICsの時代になったことで新たに一〇億人がエアコンのある部屋で快適に過ごすという期待が原油価格に織り込まれていくようになり、実際に新興国で多くの人が車を購入し始めた。これでエネルギーの消費量が爆発的に増え、一〇〇ドルまで一気に上がっていったわけです。

ここまで使ってきた原油の価格はニュースなどでも使われる値段ですが、これとは別に実質価格で見るとどうでしょうか。実質価格とは、物価指数で割り引いたまさに実質的な価値で、名目の石油価格をアメリカの消費者物価で割るのが一般的です（図【4－3】）。

資源国から見れば、アメリカの消費者物価は何かと言えば、この中にはGM社製の自動車やiPhoneなどが入っているので、名目石油価格をアメリカの消費者物価で割るということは、これは資源国にとっての交易条件の定義そのものになる。もちろん日本やドイツの物価で割っても別にいいのですが、石油取引は基本的にドル建てで、産油国はドルを受け取るため、アメリカの消費者物価で割ってもとめます。

図【4－2】

(注) 1. 実質原油価格＝原油価格／米消費者物価
2. 2016年は1-4月の平均値(ブレント)、名目36.33ドル／バレル
(出典) BP "bp-statistical-review-of-world-energy-2015-workbook"

図【4－3】

(注) 1. 実質原油価格＝原油価格／米消費者物価
2. 2016年は1-4月の平均値(ブレント)、名目36.33ドル／バレル
(出典) BP "bp-statistical-review-of-world-energy-2015-workbook"

一方、日本やドイツなどの先進国から見ると消費者物価は輸出物価で、原油価格は輸入物価ですから、実質の石油価格は先進国の交易条件の逆数というわけです。

さて、ここでもう一度、図【4－2】と【4－3】の二つのグラフを見てください。実質原油価格が一〇〇年にわたって石油の値段は、過去一〇〇年にわたり傾向的に下がってきました。実質原油価格が一〇〇年にわたって下落したということです。資源国の立場から言うと、交易条件は一悪化し続けたのです。実質GDPが、市場の拡大と交易条件の改善でしたから、一九七〇年まで実質原油価格が右肩下がりだということは、先進国は交易条件を改善してきたということになる。先進国が高い経済成長を実現させた背景もここにあります。

しかし、今度は資源国の立場から見るとどうでしょうか。市場が拡大してみんなが石油を使ってくれるのですから、石油の販売量は増えるのに、交易条件はずっと悪くなっている。一九六〇年代には一五以上だった実質原油価格が七〇年には一・四ですから、およそ一〇分の一。交易条件で言えば、一〇〇が一〇になったわけで、これではGDPが増えるはずがありません。一生懸命頑張って一〇倍の石油数量を売っても、プラスマイナスゼロということです。

逆に七〇年代までの先進国は交易条件が改善し続けていたということになります。

このため七〇年以降、先進国はグローバリゼーションを押し進めて、市場の拡大をしなければならなかったのです。そのため十分にGDPは拡大した。先進国が先進国だった大きな理由がここにあったということなのです。

先進国と新興国を分けるボーダー

ここで重要なのは、石油が非常に安価だった時代、具体的には第一次オイルショックが起きる一九七四年までに近代化を完了して、自国の経済を発展軌道に乗せることができたかどうかが、先進国になれるかどうかの大きな分岐点になっているということです。

日本の場合、近代化は一九五六年から始まり、その後、高度成長期に入りました。七三年におおむね近代化を終えていましたから、ギリギリ間に合いました。先ほどの石油の実質価格で見ると、まだまだ安い時代に近代化に着手することができた。厳密に言えば、実質原油価格はわずかですが下がっていた時期です。つまり、交易条件がよくなる過程でしたから、近代化を比較的低コストで進めることができたわけです。

第二次大戦後に敗戦国である日本やドイツ、さらにイタリアが急激に経済復興したことは「戦後の奇跡」と言われますが、その理由もこれを見ればわかるはず。もちろんその三国が工業製品を作るのが上手だったということもあるのですが、その背景には安い石油を手に入れられたという経緯があったわけです。

ところがお隣の韓国はどうでしょう。近代化したのが八八年のソウル・オリンピックの直前。このときにはすでに石油が高くなっていました。日本の近代化が一バレル二・五ドル程度の時代だったとすると、韓国は二〇ドル。今よりは安いとはいえ、日本に比べると一〇倍近くも高い石油を使って近代化している。これは大きなハンデと言わざるをえません。

もっと言うと、中国などBRICsで近代化がスタートするのは二〇〇〇年代になってからですから、スタート時点ですでに石油の値段は二〇ドル程度、二〇一〇年代以降は一〇〇ドル以上という高い原油を使わなければならない。これでは近代化がなかなか進まず、日本がそうであったような、大半の国民が中流意識を持つことはなかなか容易ではないのです。

BRICsの中にはブラジルやロシアのように原油の輸出国もありますから、必ずしも原油高はマイナスとは言えません。中国もかつては輸出していましたが、今では輸入国になっています。BRICs全体で見れば、日本と同じ資源の輸入国と考えていい。

だとすれば、石油が高くなるということは、近代化が化石燃料に頼る社会だとすれば、それはきわめて不利というわけです。

やはり、近代化の基本は「より遠く」です。あとから参加する者は、前の人よりも遠くに行かなければなりません。しかし、日本やドイツが高度成長を果たしたときは、今のようにグローバリゼーションを掲げてはいませんでした。無理をして市場の拡大を図らなくても、交易条件が改善していたため、結果としてGDPが大きくなったからです。中国がアフリカまで出かけているのは、そうしないと交易条件の悪化をカバーすることができないからです。

その意味で言えば、中国がアフリカに行っているから日本も行こうなどと思う必要はありません。日本がアフリカまで出ていくと、中国は次にどこに行くのか。南極にでも行くのでしょうか。しかし、南極に学校を建ててあげても、ペンギンしかいません。ペンギンはお金を持っていませんから、残念ながら意味がありませんね（笑）。

市場拡大をもたらす三要素

国が豊かになるということは、XとYを一辺とする三角形の面積（91ページ参照）、つまり、交易条件が改善し、市場が拡大することで販売数量を増やすことが大切だと言いました。実物投資空間が拡大すると言い換えてもいいでしょう。

こうした考えがどこから来ているのか、それが次のテーマです。

一つの根拠が、アダム・スミスの『国富論』です。この本の中でアダム・スミスは「成長の主要な源泉、あるいは成長の原因」は何であるかについて、三つの要件がある、と解明しています。

第一は、①「労働力と資本ストックの増加」。前者の労働力とは、労働人口が増えることと置き換えてもかまいません。一般には「L」で表します。次に資本というのは、通常キャピタルのドイツ語の頭文字で「K」。このLとKが増えるということは、生産力も拡大します。働く人が増えれば、車の生産台数も増えるのは、誰でもわかるでしょう。

一方、Kについて言えば、工場のラインが一〇から一二になれば、生産力が増えます。ほかには店舗面積が大きくなれば、それも売り上げのアップにつながります。教科書的にはそうなのですが、現実を見ると、最近の日本などでは店舗が多すぎて、あまり売り上げは増えていません。二〇世紀以降、日本では「供給自ら需要を創る」(セイの法則)はもう当てはまらなくなっています。

二番目の成長の原因は②「分業の一層の深化や技術進歩を通じて、労働者に装備される資本によって引き起こされる効率性の改善」です。

そして三番目は③「市場を通じ、さらに二つの成長の源泉を強化する」こと。ここで言う二つの成長の源泉というのは、①と②を指します。①は③の「市場を通じ」て増加することができます。具体的には、前に出てきたY軸の延伸。つまり、この市場の拡大が「より遠く、より速く」に関係します。

交易条件というのは何かといえば、輸出価格と輸入価格の比率。このため、なるべく小さい輸入、つまりインプットで少しでも大きなアウトプット、すなわち輸出を実現すればするほど交易条件がよくなることを意味します。②にかかわることです。

アダム・スミスが『国富論』で示した成長の要因の第二で「効率性の改善」と書いてあるのも、実はインプットとアウトプットの比率のことと考えていいでしょう。ただし、当時アダム・スミスが言ったのは、資源と工業製品の関係ではありません。アダム・スミスの時代は油田が発見される前ですから、資源のことなど彼の頭にあったとは思えません。せいぜい石炭くらいでしょう。

では、アダム・スミスが言った「効率性」とは何を想定していたかというと、一人の労働者が分業によって生産量を増やすこと。具体的に言うと、針、ピンを製造するのに一人が最初から終わりまで一本のピンを全部作るよりも、一〇人なら一〇人で工程を分けて作ったほうが、一人当たりの生産性が二〇〇倍以上に上がると指摘しました。そのインプットは労働力ですね。同じ労働力を投入しても、分業することで効率を高めようということ。それはつまり、X軸を伸ばすことになる、ということです。

三番目の「市場を通じて」とは、どういう意味でしょうか。自由貿易によって市場が拡大すると主張したのです。

日本の場合は、戦後ゼロからスタートしたので、国内市場の拡大で成長しました。日本の人口は終戦直後が約七二〇〇万人でした。その後、一億二七〇〇万人まで増えましたから、国内で労働力と工場がどんどん増えた。だからY軸を外国に求めなくても自国の市場が年々拡大していったのです。

しかし、時代は変わり、今は日本もイギリスもドイツも、労働力はもう増えません。なにしろ人口減少社会ですから。しかし、その代わりに資本はいっぱいあります。だから①はそれほど重要視せずに、逆に③により拍車がかかっているわけです。

近代の限界を示す事件、事故

これまで見てきたように近代以降、私たちは「より遠く」に市場を拡大することで、経済を発展させ、豊かさを求めてきたわけですが、それも思うようにいかなくなってきています。

たとえば、この一〇年間を見ても、二〇〇一年には9・11の米国同時多発テロがあり、二〇〇八年の9・15にはリーマンブラザーズの破綻をきっかけに世界的金融危機の引き金となった、いわゆるリーマンショックが発生。さらに二〇一一年の3・11には東日本大震災と東京電力福島第一原発事故が起きている。わずか一〇年でこれほど大きな事件が三つも続くというのは、長い歴史の中でもほとんどなかったはず。

もちろん九〇年代の一〇年間にも探せば、市場を縮小させるような事件は見つかるでしょうが、世界に与えたインパクトがちがう。たとえばリーマンショックなど、元FRBのグリーンスパン議長に言わせれば「一〇〇年に一度の危機」。これはそう頻繁にあるものではありません。福島原発事故を引き起こした地震も、規模で言えば西暦八六九年の「貞観地震《じょうがん》」以来の大惨事。貞観年と言えば平安時代ですが、マグニチュード九クラスの地震は一二〇〇年ぶりです。そう考えると、やはり九〇年代にこれだけの出来事は探せないでしょう。

一五二七年には9・11の同時多発テロと匹敵する事件（ローマ劫掠《ごうりゃく》）が起きていました。場所は、ローマです。当時のローマは世界最大の都市ですが、この世界の都が他国から攻められてわずか一日で陥落している。そんなことが起きるなんて、夢にも思った人はいないでしょう。世界でもっとも繁栄した国が、ドイツの農民と、カール五世の軍隊、さらにスペインによって両方から攻められ、たった一日でローマ法王はローマから脱出しているのです。おそらくインパクトとすれば、9・11以上だったのかもしれません。

つまり、一〇〇年、五〇〇年、一二〇〇年ぶりの事件が、わずか一〇年のあいだで起きる。これは単に運の悪いことが、たまたま三つ重なったということでは、到底すませられません。どうして私がそう思うのか、理由を説明しましょう。

まず9・11。これをどう解釈するかというと、事件の中心舞台が「ワールドトレードセンタービル（以下、WTCビルに略す）」だということがポイント。ツインビルになっていたWTCビル二棟に向けて旅客機を使った自爆テロで破壊した。これは、アメリカへの攻撃というよりも、あきらかにウォール街に対する攻撃です。なぜなら、アメリカの象徴はエンパイアステートビルです。大恐慌の一九二〇年代に計画されて三〇年代に完成しました。何であのビルがアメリカの象徴かというと、キングコングが登ったからだという私の解釈（笑）。首謀者とされるオサマ・ビンラディンが仮にアメリカが憎くて攻撃したのなら、少なくとも乗っ取った四機のうち一機はエンパイアステートビルを攻撃しているはずですが、まったくのスルー。これはどう考えても納得できません。

では、なぜWTCビルなのかと言えば、このビルにはアメリカの五大投資銀行の筆頭であるゴールドマンサックスとモルガンスタンレーとリーマンブラザーズがテナントとして入居しているから。しかも位置しているのがウォール街のまさに中心なのです。

では、なぜウォール街が標的にされたのか。単に証券取引とはまったく異なる「電子・金融空間」という新たな市場を創出していることに対する攻撃なのです。

これまで近代において豊かさを測る尺度はGDPであり、これは市場の拡大と有利な交易条件の掛け算でもたらされた面積によって見ることができる、と述べてきました。しかし、二〇〇〇年代に入って以降、この平面の上に新たにZ軸という新たな空間が作られ始めているのです。なにしろ先進国は交易条件の改善を求めてどんどん遠くに進んで行ったわけですが、それも限界にきた。遠くへ行っても石油価格がどんどん上がってしまったことで交易条件が悪くなったため、結果的に面積がなかなか広がらないのです。

それならエネルギーを使わない市場を作ったらどうか。こうして生まれたのが、コンピューターとインターネット空間での金融取引というわけです。ここは完全な仮想市場です。しかし、世界中のサーバーが使用している電気量は莫大であって、いずれ大きな問題になるでしょう。しかも、このZ空間（電子・金融空間）は、情報革命と金融技術の合体したものですから、物理的に遠くに行く必要がなく、取引時間を短縮することでバーチャル空間は「無限」に広がっていくのです。ボタンの回数、かつては千分の一秒で取引ボタンを押すと言いましたが、この取引時間をもっと短くする競争が行われています。どんなに取引時間を縮めて取引回数を増やしても、すなわち「より遠く、より速く」を実行しても、交易条件が悪くなるわけではありません。つまり、アメリカはエネルギーと分断された空間を獲得してしまったわけです。オサマ・ビンラディンはそこに対して攻撃を仕掛けたのです。

何ゆえ「電子・金融空間」が誕生したか

　この「電子・金融空間」が最初に誕生したのは一九七一年と言われています。七一年といえば、ニクソンショックで金とドルの交換を停止して、ドルが変動するようになった年でした。ドルの価格が変動するようになると、場合によっては損になる危険がありますから、先物でヘッジすることが必要になった。どのように為替ヘッジをするかといえば、金利が利用された。自国通貨が安くなると予想すると、金利が上昇することで為替の損失が相殺できるわけです。こうして金利の先物市場が誕生すると、今度は株式の投資においても、先物取引をやりたいというニーズが起こり、株式の先物市場が整備された。ここではある程度利にかなったことなのですが、やがて当初の目的とは違う事態が起こるようになった。

　もともと先物市場というのは、あくまで実物取引によって将来生じるかもしれない損失をヘッジするために作られたのです。ところが、この実需原則を撤廃して一〇年後にこの企業はどうなるか、という予想を立てて債券や株を売買するようになりました。ですから、極端に言えば足下の現実世界はどうでもいいわけです。単に多くの人が将来よくなると思えば上がり、悪くなると思えば下がる、それだけです。極論を言えば、現実がどうであろうとかまわない。思惑で市場が動き、それによっていくらでも利益を生むことができるわけですから、こんな素晴らしい発明はありません。

しかも、こうした取引を実現させるためにはIT技術が必要なのですが、幸運にも七一年にインテルがCPUを開発してくれた。それまでのメインフレームコンピューターはビル一つ分の大きさで何千億円もしました。しかも、それを扱えるのは有名大学出身でごく少数の人しか就職できない国防省やNASA、あるいは民間ではIBMの正社員だけだったのです。

ところがインテルの開発したCPUで誰でも高性能のコンピューターが手に入るようになった。現代のスマホは、はじめて人類が月に送ったアポロ八号のときのコンピューターよりも高性能だそうです。この結果、誰でもが金融市場にアクセスすることが可能になった。勤務時間中だって、上司に気付かれずにスマホで株取引ができる。

こうして幸運にも二つの革命が同時に起きたことで、新たな電子・金融空間が誕生した。これが資本主義、さらには近代という社会にどう影響するか、次章はこの点について説明していくことにしましょう。

第5章

近代社会の制度疲労

近代の延命が悲劇を生む二一世紀

一九七四年の第一次オイルショック、七九年の第二次オイルショックとイラン・イスラム革命によって、原油価格が大きく上昇しました。結果として交易条件が悪化、これでは三角形の面積も広がりにくくなってしまう、つまりGDPを拡大させることが困難になっているのです。

こうした状況に先進国はどう対処してきたか。それが今回のテーマです。第一は、今まで以上に市場拡大が加速。それが「グローバリゼーション」に繋がっていくわけです。

グローバリゼーションという言葉も最近ではすっかり聞き慣れて、新鮮味がなくなりつつありますが、この言葉が最初に学術論文で登場したのは意外に最近で、一九八三年です。八三年といえば第二次オイルショックの四年後、それまで一貫して改善していた交易条件が悪化をはじめたわずか四年後に、アメリカのハーバード大学のセオドア・レビット教授が学術論文でグローバリゼーションという言葉を使いました。「より遠く、より速く」をさらにスピードアップさせるためにグローバリゼーションが学会のお墨付きを得たのです。実にいいタイミングでした。

しかし、実際にグローバリゼーションという言葉が世界に広く知れわたるようになったのは、それよりもかなりあとになってからのことでした。九〇年代半ば以降、「強いドル」政策で、金融のグローバリゼーションが進展しました。そして、二〇〇〇年代に入るとBRICsの時代と言われるようになって、ヒト・モノのグローバリゼーションが進みました。

そうして、グローバリゼーションが世界を席捲したかに見えたそのとき、市場の拡大に強烈なブレーキをかける三つの大事件が起きたのです。すなわち、二〇〇一年の米国同時多発テロ、二〇〇八年のリーマンショック、そして二〇一一年の東京電力福島第一原発事故です。

一見なんら関係ないように見えますが、これらには大きな共通点がある。それは、近代を特徴づける成長メカニズムの行き詰まりが背景にあるということです。

たとえば、３・11がもっともわかりやすいかもしれません。七四年の第一次オイルショック以降の原油価格の上昇によって悪化し始めた交易条件を、なんとか改善できないかと考えた先進国は、より安いエネルギーを手にしたいと考えて、原子力発電に一気に舵を切りました。実際、日本では３・11が起きる直前の民主党政権時には、原子力発電の比率を従来の三〇%から五三%にアップさせる計画でした。当時は、原発がもっとも発電コストが低いと考えられていたからです。

つまり前述の近代の一要素である「より合理的に」を実践しようとしたわけです。ただし「より合理的に」ですから無駄なコストはかけません。発電所を高台に建設すれば津波の心配もなくなることはわかっていましたが、そこには目をつむった。しかしその結果として、津波が原発を襲い、未曾有の大惨事を引き起こしてしまったのです。つまり、より合理性を追求した結果、大きな損害を発生させてしまったわけです。

リーマンショックの場合は、従来のX軸・Y軸を伸ばすことでGDPを拡大させるのではなくて、二軸上で回転率を上げて利潤極大化を図ろうとするアプローチの失敗ということができます。つまり、物理的な市場や、交易率を悪化させる原因の石油価格の変動とは無関係の新たな世界として、「電子・金融空間」市場をアメリカは作ることにしたのです。それは、一秒間にどれだけ多くのボタンを押すかという競争をしているような場所ですから、当然エネルギー価格は当面は上がっても、影響を受けません。まさにミリ単位の時間の競争です。

また、資本にレバレッジをかけることで、より効率的に資金を活用する仕組みを作りました。それまで、商業銀行にはBIS規制というルールがあり、資本の一二・五倍までしか融資をしてはいけない、と決められていました。ところが、投資銀行には そうしたルールはないため大きな利益を上げていた。そこで、商業銀行は「俺たちも投資銀行になりたい」と言って政治家にロビー活動をして、証券子会社を作ることで投資銀行業務に進出してもいいという法律が一九九九年に制定されました。これが「金融制度改革法」で、これは一九三三年の「グラス・スティーガル法」以来の大改革と言われています。

一旦認められると、人間というのは欲が深いですから、どんどんエスカレートします。当初は一二・五倍だったレバレッジが六〇倍になる。理論上は無限大に拡大することもできるし、さらに引き上げていった可能性もあるのですが、そうはなりません。六〇倍にレバレッジを上げた途端に起きたのがリーマンショック。レバレッジを引き上げれば当然リスクは高まります。リーマンショックとは、行きすぎたレバレッジによって膨らんだ自分の重さに耐えられなくなり、潰れたと言ってもいいでしょう。

実は、東京電力福島第一原発事故も構造的にはリーマンショックとまったく変わりません。原油価格の上昇で悪化した交易条件を再び改善するために、原油以外のエネルギーに頼ることを考えた。それが原子力発電でした。かつては原子力発電が安全でしかも経済的にもリーズナブルだと言われていましたから、どんどん発電所が建設された。しかし、その科学的根拠は、思われていたほど強固ではなかったし、コストが安いのは単に危険に対するリスクを十分ヘッジしていなかっただけだった。結果として、一旦、巨大地震が起こり、津波が襲えば、いとも簡単に破滅的な事態に陥ってしまった、というわけです。

実体経済を無視して肥大化する金融市場

では、9・11米国同時多発テロはどう解釈すればいいのでしょうか。

アメリカでは一九七一年のニクソンショック以降、金とドルの交換を停止しました。これによってドルの価格が変動する時代が始まります。不動のドルが変動するようになりましたから、変動リスクを避けるため為替ヘッジが必要になる。具体的には為替ヘッジするために金利の先物市場が誕生しました。さらに金利の先物市場ができると、今度は株式取引をするときに金利の裁定取引をするための株式の先物市場が作られます。

先物市場とは、ひと言で言えば、何年何月時点で対象の商品がいくらになるであろう、という予想を取引する相場です。対象は何でもかまわないのですが、車の先物市場はありませんので、ほとんど全部金融商品です。為替で言えば、たとえばある時点で、一ドル一〇〇円の値段が付いているとして、一年後にいくらになっているかを予想するとする。日米金利差が一年もので五%あると（米ドル金利>日本円金利）、一年後には九五円になると予想されていることになります。一年後にドルがもっと安くなると思った人は今のうちに先物市場で九五円でドル売りの予約を入れます。結果、思惑どおりにドルが下がっていれば、一ドル九〇円でドルを手に入れて九五円で交換できるので、差額の五円分儲かるという仕組みです。

現実世界の経済行為というのは、工場やオフィスビルや店舗で行われるものですから、車を何台作るとか、カラーテレビを何台作るかで結果が変わる。大量に売れて儲かれば、それだけGDPも増えるわけです。Y軸が伸張すると言い換えてもいいでしょう。

もちろん先行きの予想において実体経済も多少は考慮されますが、現実の先物市場はそうした現実経済の動きでは説明できないほど肥大化しているのです。実需の原則で言えば、実際の実物投資と金融取引がきちんとリンクしている場合、取引の規模は一対一です。先物市場ができる以前は、金融取引の裏側には車を売ったり買ったりという取引がリンクしていましたから、一対一でした。ところが、先物市場が発展するとその原則は完全に崩れてしまった。一九八〇年代によく言われたのが、為替市場において一日の貿易額を一とすると、為替の先物市場では二五〇倍の取引が行われている。

先ほど先物取引が実体経済とは無関係と言いましたが、より正確に言えば、先物市場も誕生した当初は、実体経済の動きをかなり反映させていました。現物市場に投資する際のリスクをヘッジすることが、その存在意義だったからです。しかし、現在行われている最先端の先物取引にはこうした当初の性格は、ほとんどありません。

では、現在の超高速取引が主流になっている先物市場は、何を根拠に売り買いをしているのでしょうか。それは市場の歪みです。たとえば日本の一〇年国債利回りと五年国債利回りのあいだに、価格の歪みがあるとします。歪みといってもほんのわずかですが、理論価格に比べてどちらかが高かったり安かったりする。これが歪みです。しかし、歪みはやがて正常に戻ろうとしますから、その歪みがあるあいだに注文をすれば儲かる、というわけです。

歪みの大きさはせいぜい一銭とか、その程度ですが、数百億円という大量の資金を投入すれば、たとえ一銭でも大きな利益が手に入る。しかも歪みが修正されるまでの時間はごくわずかですから、投資効率としては、むしろ非常にいい。これを一日のうちに何度も繰り返せば、それこそ莫大な富を得ることも可能なのです。

しかも、こうした市場の歪みを人間が目をこらしても見つけ出すことはできません。プログラム取引と言うのですが、すべてコンピューターが自動で行っています（人工知能、ＡＩ）。過去の取引を元にある商品の価格が一定の範囲で動いているとして、ある瞬間にその許容範囲から少しでも離れたら、そこを見逃さずに売りと買いの注文を瞬時に入れて、また正常な範囲に戻ったら決済をする。工場での作業が自動ロボットになっているのと同じようなことが金融取引でも行われているというわけなのです。

ＡＩですから、給料を上げろとか休憩時間がほしいということは言いません。二四時間働くこともできるのですが、ありがたいことに金融取引は二四時間休むことがありません。東京が終わったら次はヨーロッパ、それが終わったらニューヨークと次々に開いている市場を監視し続けることができる。人間は何もしなくても、寝ているあいだもＡＩがお金を稼いでくれるのですから、これほどありがたいことはありません。この先いったい、人間は何をしようというのでしょうか。考えるとちょっと怖いですね。

それはさておき、先物市場がなぜこれほど膨張するのかに戻ると、それは先物市場がリアルな株や債権の売買ではなく、あくまで電子・金融取引だからです。実際のモノや財の動きとは無関係なのですから、売買は無限に広がることが可能。資金を何回転もさせることもできますから、どんどん取引高は大きくなっていくわけです。

それに対して車の場合、一台作ったら一〇年間で一回転。中古市場での売買をふくめても、せいぜい一〇年で二回転が限度。これに対し先物市場では一秒のあいだに何回転も行うことができるのですから、勝負になりません。つまり、今や現物の取引が、先物市場の影響下にあると言っても過言ではないのです。

さて、9・11に戻りますが、この電子・金融取引市場、これをZ空間とも呼びますが、これはいったい誰が取り仕切ったのかといえば、アメリカのウォールストリートと、イギリスのシティです。言い換えれば、Z空間で世界中の富をアメリカに集めている、という事実に対する反発ととらえることもできるでしょう。米国同時多発テロの際、ロンドンでもテロが起きたのもその証拠です。東京市場は、そこまでの地位も影響力もありませんからテロの標的にならずに済んだことは、不幸中の幸いと言えるかもしれませんね。

例外が正常だった近代社会

ここからは、交易条件が悪化していることが、何を引き起こしたかについて見ていくことにしましょう。

近代の行動原理である「より遠く、より速く」という二つを実践するに当たっては、常に大量のエネルギーが必要です。ジャンボジェットはより遠く、コンコルドはより速く移動することをめざして開発されたわけですが、そのためにはエネルギーをいっぱい使わなければなりません。そこには「限界費用逓増《ていぞう》の法則」という難題が立ちはだかっているということになります。

ここでいう「限界」とは「マージナル」の直訳で、これ以上は無理だという意味ではありません。つまり、「追加一単位」を表し、経済では、生産物を一単位追加したら費用は逓増しますというのが「限界費用逓増の法則」の意味です。

たとえばこれまでよりも自動車を一台余計に作りたいと思ったら、工員に残業代を払わないといけません。つまり、人件費は二割増し、三割増しになる。企業から見ると人件費は費用の一部ですから、生産量を追加すると、費用は着実に逓増です。しかも、一台増やしたときは二割増しで済みましたが、経営者がさらに一台プラスして三台作りたいと考えたらどうでしょう。すると夜一〇時以降まで働いてもらわなければならない。一〇時以降になると残業代は五割増しです。つまりプラス一台のときは人件費が二割増しでしたが、三台作ろうと思うと五割増しの時給が必要になる。生産量が増えればコストの上昇幅が徐々に上がっていくというのが経済の基本であるわけです。

では、エネルギーコストの場合はどうでしょうか。

東京・ハワイ間の四〇〇〇キロをノンストップで飛ぶ場合と、ニューヨークまで一万二〇〇〇キロを飛ぶ場合を比較してみましょう。飛行距離の差は八〇〇〇キロですから、当然その分消費するガソリンの量は増えていきます。しかし、使用量が増えたからといって、調達するガソリンの単価が上がるわけではありません。一バレル五〇ドルなら、どれだけ移動距離が伸びても調達に要するガソリン価格は一ドルから二〇ドルをはさんで上下一〇ドルの範囲で収まっていました（第一次石油危機から二〇〇三年まで）。つまり、エネルギーにおいては二〇世紀までは限界費用逓増の法則は当てはまらないということです。

では次に、エネルギー消費量と生活水準の関係を考えてみましょうか。

まずは図【5－1】を見てください。これは紀元前一億四〇〇〇年から現代までの一人当たりエネルギー消費をグラフ化したものです。紀元前三〇〇〇年あたりから徐々にエネルギー消費量が上がりはじめました。この頃に農業が始まり、それにともないエネルギーの消費が急に増えたのでしょう。この傾向はかなり続くのですが、四世紀から八世紀にかけて消費量が伸び悩む。これは四七六年に西ローマが崩壊してから八世紀にカール体制が樹立されるまでのヨーロッパは混乱が続いて人口が激減したためです。そのため一人当たりのエネルギーの消費量も長期にわたって停滞してしまったのでしょう。

その後一二世紀になってヨーロッパも自信を取り戻してくると、エネルギーの消費も徐々に持ち直し、一八〇〇年あたりになると非連続的に跳ね上がる。これは産業革命で鉄道や運河を作って、大型船で移動距離が飛躍的に増えたため、エネルギーの消費も増加したのです。それまで三〇程度だったものが一気に二四〇へと八倍に増えました。それまでと同じように単に歩いているだけの生活なら、これほど急激に消費量が増えることはありません。

こうしてエネルギーの消費が増えれば、価格も上がるのが普通です。ほしいという人が多ければ、需給のバランスから価格が上昇します。需要が八倍になった以上、石油の値段も仮に価格弾性値が一・〇であれば八倍に上がってもいいわけですが、現実はまったく上がっていません。

前に紹介しましたが、一バレル二ドル程度で、ほとんど固定相場でした。需要が増えれば、価格が上昇するので需要曲線は右上がりです（横軸に需要量、縦軸に価格）。

しかし、現実は需要が一七世紀以降、一貫して増えているのに、二〇世紀に入っても価格が上がらないのはなぜか。その理由は、前にもお話ししたとおり、世界の原油市場を独占している国際石油資本、いわゆるセブンメジャーズが、原油の値段を実質的な固定相場にしていた。つまり、経済学の常識がエネルギーに関してはまったく機能していないわけですね。こうした現象について、前に紹介した政治学者のカール・シュミットはこう述べています。

「正常は何物をも証明せず、例外がいっさいを証明する」

普通と逆ですね。普通は、正常がすべてを証明して、例外は何も説明しない、というのが、近代合理主義者です。シュミットの考えは正統派の人たちとはまったく違っていたわけです。彼は政治学者ですから、ここで言う「例外」とは、「戦争に入ったら」ということを指します。戦争に入るとそれまでの法律が全部停止されて、大統領なり総理大臣が法律で書かれていないことも掌握する。だから、戦争状態に入ったときにこそ、リーダーの資質が問われる、あるいは国民の資質が問われる。正常なときは大統領は余計なことをしないほうがいい、というのがシュミットの意見なのでしょう。

図【5－1】

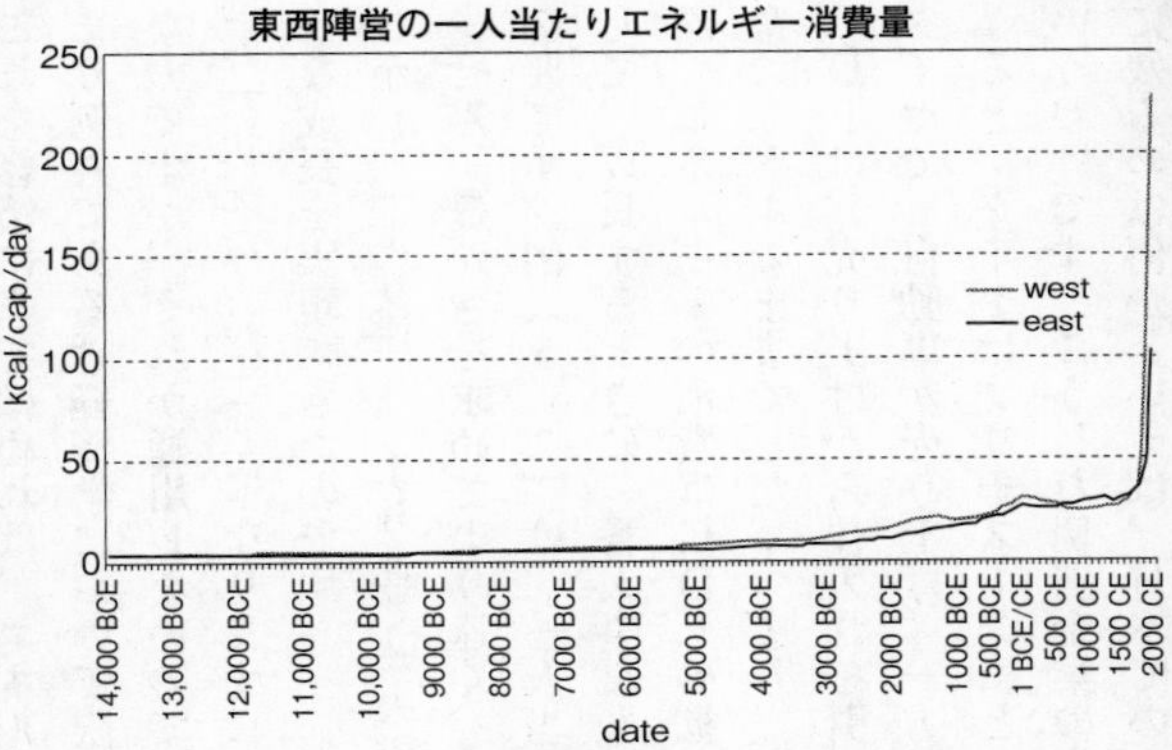

Graph 1. Eastern and Western energy capture, 14,000 BCE-2000 CE

図【5－2】

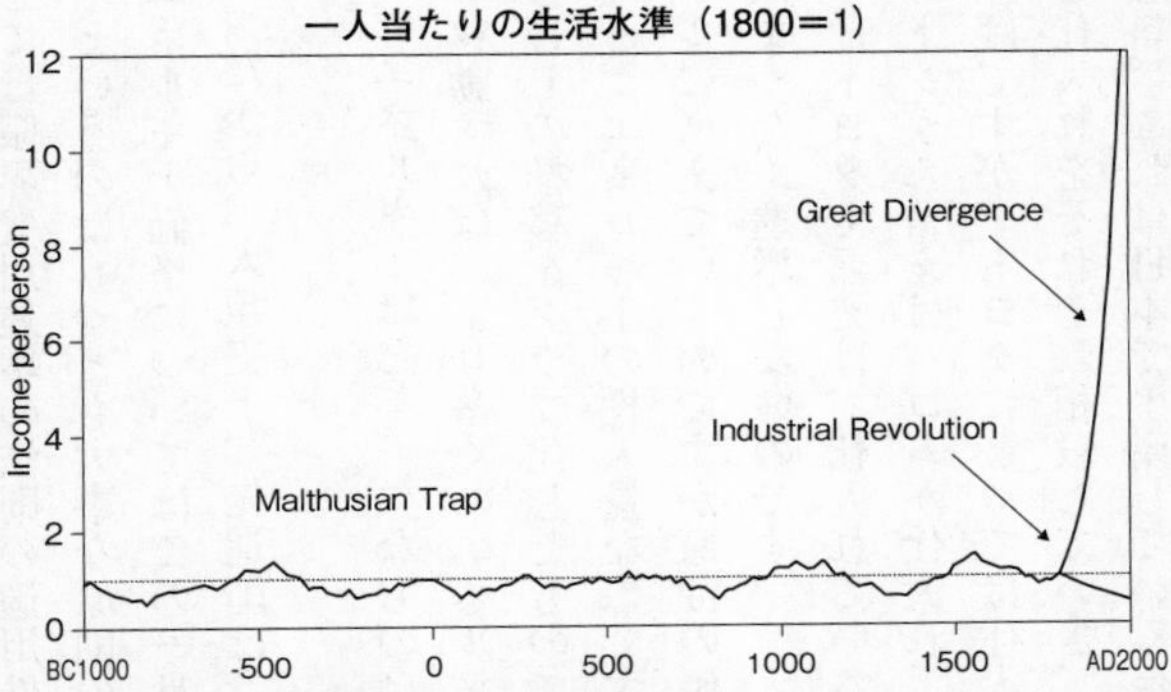

Figure. World economic history in one picture. Incomes rose sharply in many countries after 1800 but declined in others.

これを経済に当てはめれば、エネルギーに関しては限界費用逓増の法則の適用外、つまり例外である。経済学において限界費用逓増というのはもっとも大事な原則の一つなのですが、それが通用しないのですから、エネルギー価格についてはこの一世紀、「例外」状況だったことになります。「例外」だったから、人類史上、先進国は「異常」な成長を実現できたのです。

しかも、「より遠く、より速く」の実現のためにエネルギーほど不可欠なものはありません。豊かさを求めてより遠く、より速く、移動すれば、より多くのエネルギーが必要です。図【5－2】は、一人当たり実質GDPの推移をグラフ化したものです。そして、成長するときに一番大事なものはというと、エネルギーの投入量なのです。実際、エネルギーの消費はGDPの拡大とパラレルに増えていくのですが原油の価格は常に二ドルのままでした。つまり、限界費用はまったく逓増しないのです。

GDPは、売り上げから仕入れを引いた値です。トヨタで言えば、仕入れているのがタイヤで、自動車が売り上げ。一方、ブリヂストンから言えば、ゴムが仕入れ。そうなると、タイヤはブリヂストンにとって売り上げですが、トヨタにとっては仕入れというわけです。こうした個別企業の売り上げと仕入れをそれぞれ相殺していき、最後に残るのは何かといえば、日本でいえば化石燃料。これは日本で生産している企業はない。ほとんどすべてを輸入に頼っているからです。国境の外側から持ってきているものが、最後に残るわけですね。

ＧＤＰを拡大させるためには、より多くの製品を作る必要があり、そのためにはより多くの化石燃料が必要になる。化石燃料を多く使えばそれだけ化石燃料の輸入代が増えていくのは言うまでもありません。しかも、仕入れの単価は需要が増えるに従って、高くなっていくのが経済の原則のはずです。原油でいえば、油田が発見された当初は自然に土の中から噴き出しているものを集めて売ればよかったのが、原油が噴き出す勢いが下がったためにポンプを使ってくみ上げなければいけなくなった。当然、その分値上げになるのが道理でしょう。

しかし、現実の原油価格は一バレル二ドルのままで変わらなかった。原油は、先進国からすれば変動費なので、対売上高比で一定となるはずです。しかし、実際には石油危機までは、対売上高比で低下していきました。それは、仕入れのことを気にすることなく、売り上げを増やすことだけに専念していれば、ＧＤＰが自然に増えていったということになりました。

つまり、近代経済学において大原則である「限界費用逓増の法則」が、エネルギーという、これも近代でもっとも重要な「より遠く、より速く」という目標達成に必要なものについてまったく当てはまっていなかった。だとすれば、近代における成長、とりわけ現在先進国と呼ばれる国の成長は、例外の上に成り立っていた、と言ってもいいわけですね。

二重基準のような仕組みの上に成り立っていたと、言い換えてもいいでしょう。この事実こそが、カール・シュミットが指摘した「正常は何物をも証明せず、例外がいっさいを証明する」に繋がるのです。つまり、本来需要の増大とともに値上がりするはずなのにそれが起こらず、どれだけ需要が増えてもエネルギーは上がらないという異常事態が、近代の常識になっていた。近代の成長は、この例外の上に成り立っていた、ということなのです。

しかし、この例外も石油危機が生じ一九七四年に終焉を迎えました。需要の増加につれて原油価格が値上がりするようになったのです。これは近代を成立させていた条件が消滅し、近代システムからすれば、例外の時代に突入したと言い換えてもいいでしょう。なにしろ今の石油価格高騰というのは近代においては、例外状態だからです。そして、これからは「例外がいっさいを証明する」ようになる。つまり、石油価格が高騰するという例外が長期化すると先進国において成長が止まり、低成長に入る。近代にとってもっとも大切なものの一つ、「成長」が期待できなくなるということなのでしょう。

他国を貧乏にすることで発展した先進国経済

あくまで仮定の話ですが、もしもエネルギーコストが例外でなく、需要の増加とともに逓増していった場合はどうだったでしょうか。おそらく、先進国も今のような繁栄は享受することはできなかったでしょう。売り上げが増えるのに従って仕入れも上がっていくわけですから当然です。

しかしこれは、裏返して言えば、なぜ第三世界の国が一向に成長できないのか、という問いの答えでもあります。

第三世界の国がなかなか豊かになれないのは、決して彼らが怠けているからというわけではありません。資源国から見れば、売り上げは石油で、仕入れは何かというと、PCや自動車です。メルセデスから自動車を仕入れ、トヨタからトラックなどを仕入れています。ニュースで砂漠の映像が映るとトヨタの自動車がよく走っていますが、それだけトヨタ車は故障しないということなのでしょう。

石油の値段は過去数百年にわたってほとんど上がっていませんでした。当然、資源国の売り上げは増えません。需要が増えれば、本来ならば石油をも一単位余分にほしいと言われれば値段はそれにつれて上がっていかなければならないのに、そうはなっていないのです。一方でPCや自動車の値段は徐々に徐々に上がってきました。つまり、仕入れは増えるのに、売り上げが増えない。だから、資源国のGDPは全然増えないのです。

よりはっきり言えば、第三世界の国が成長しなかったから、先進国が成長できたと言ってもいいかもしれません。

実は、一八〇〇年から一九〇〇年にかけてインドの一人当たりのGDPはわずかですが、下がっているのです。ヨーロッパではエネルギー革命が起こり、経済が急成長した時期です。同様に、西インド諸島などカリブ海の周辺諸国は、二〇世紀に入ってアメリカが成長するときに、貧しくなりました。

これは何を意味するのでしょうか。これを見る限り、世界の国が同時に成長するということは、どうも難しいようなのです。

これは今も同じで、二〇世紀の末から現在は、新興国の時代で、BRICsの台頭がめざましいのですが、その一方でアフリカのサハラ砂漠より南の地域は、絶対的貧困ライン（一・九〇ドル／一日）以下の人はほとんど減っていないのです。

インドの場合、国全体のGDPは増えているのですが、それ以上に人口が増えているため、一人当たりに直すと大きく落ち込んでいる。これについての理由は明確です。インドにはイギリスが東インド会社を通じて多額の投資を行ったのですが、東インド会社が撤退する際に設備など現地で投資したものは全部、持ち帰ってしまった。インドには何も資本を残さなかったからです。

近代の仕組みは最初から大きな過ちだった

イスラム革命が起きた一九七九年以降、エネルギー価格は急速に上がりはじめました。これは、近代から見れば例外なのですが、近代の外、つまり経済学の基本原則から見れば、石油ショックが起こる前のような需要が増えても価格が上がらない状態のほうが、むしろ例外だった。これについても前項でお話ししました。

近代というメカニズムの中に立てば例外状態になったことで何が起きたかというと、成長しないという時代になってしまったわけですが、成長することそのものが、近代では正しい姿ですから、その意味からすれば、異常事態になっているということになります。

この不思議な事態については、長尾龍一が、わかりやすく説明しています。長尾は東大の名誉教授で、専門は法哲学と政治思想史。『リヴァイアサン』(講談社学術文庫、一九九四年)の研究で知られていますが、その中でこう述べています。

「近代というのは人類最大の間違った発見だった」

近代の始まりが一七世紀とすると四〇〇年間も間違った状態、異常事態が続いているというのです。いったいどこが間違っているというのでしょうか。

現在、世界にある独立国はおよそ二〇〇カ国ぐらいです。近代が始まった当時はそれほど多くないと思いますが、ローマ法王とかカール五世などの皇帝の権利を全部否定して、主権国家を樹立したのが近代の始まりです。境界線を決めて、その中だけでみなが責任を持ってやりましょう、隣の国にポルポト政権のように大量虐殺が起きたって助けに行くことはやめましょう、というのが近代国家の基本でした。コソボあたりから少しこれもあやしくなってきましたが、皇帝やローマ法王がいたときは少なくともそうではありません。国境もないわけですから「おまえ何をやっているんだ!」と言って、皇帝の軍隊が成敗しに行っていたわけです。

しかし、一六一八年から四八年の「三十年戦争」を境にローマ法王の権威が急速に衰えていくと、状況が一変しました。カール五世の後を継いだフェリペ二世や四世が、借金の踏み倒しばかり繰り返したことで、商人からお金が借りられなくなり傭兵を雇うことができなくなると、オランダの独立を認めざるを得なくなりました。こうして誕生したのが主権国家です。長尾龍一によればこうした近代の枠組みというのは、あくまでも緊急避難である、という認識です。

三十年戦争で、プロテスタントとカトリックがお互いに自分たちの正当性を主張して神学論争に入ったものの、決着がつかなかった。宗教上の立場で俺たちが正しい、ということを言い始めたらどこまでいっても水掛け論になるのは目に見えています。最終的には剣を持って相手を殲滅させるまで戦うことになる。でも、さすがにそんな馬鹿なことを続けても、お互いに共倒れになる。そこで一六四八年にウェストファリア条約が結ばれた。皇帝やローマ法王はどちらも権威がなくなってしまったから、これからはそれぞれの地域の中で、封建領地の中で一番権威のある王朝がフランスやドイツを作った。そして、それぞれの国はみな平等だということになったわけです。

これですべてが解決するかといえば、そんなに甘いものではありません。すべての国が平等だから、反対にお互いに国益ばかり主張してしまう状況が起きた。今で言えば環境問題です。今使っている量を制限しようということでは誰も反対しないのですが、誰がどれだけ削減するかとなると途端に意見が対立する。先進国からすれば国は平等なのだから同率で削減しましょうと言うし、新興国側は、先進国はこれまで二〇〇年にわたって大量のCO2を排出してきたが俺たちはこれから近代化するのでようやく排出するようになった。それなのに同じだけ削減するのはおかしいではないか、と。このままでは永遠に環境問題は解決しませんし、決着する前に地球の環境がギブアップするのではないでしょうか。

政治の面で言えば、テロが解決しないのも近代国家だからです。国民国家においてテロは事件であり警察が取り締まるもので、軍隊と戦うのは軍隊で、殺人犯とは戦いません。とはいえ警察（FBI）がアフガンには行けませんから、軍隊が行くしかない。国の中のことは国の中で責任を持ちましょうといっても、テロリストが国境を越えて出没するため、対処のしようがなくなっているわけです。

さらに言えば国家の一番大事な仕事には軍隊を独占することとともに通貨発行権があるのですが、これも最近は曖昧になってきた。ビットコインなどが誕生して、日銀のコントロール外で通貨をやりとりしているのに、決定的に取り締まれないでいる。つまり、政治の面でも近代が前提としていたことから、どんどん例外状況が出てきているわけです。

長尾龍一は、世界の二〇〇カ国全体について責任を持つ人がやっぱり必要なのではないか、ということを指摘しています。二〇〇カ国に責任を持つ人をなくしてしまう近代というのは、「人類最大の過ち」となるわけですね。

たしかにホッブズも四〇〇年先まで近代が続くとは夢にも思わなかったでしょう。今お墓から出てきたら「緊急避難として作った仕組みを今も続けているのか？」と、呆れるかもしれませんね（笑）。

問題は、このまま近代の仕組みを維持していくのか、あるいは近代に代わるものを探していくのか、ということでしょう。現状を見る限り、成長戦略で近代をもっと続けていこうというのが主流のようですが、それはいつまで続けられるでしょうか。

「より遠く、より速く」で成長するといっても、すでにアフリカまで行ってしまいました。政府の成長戦略を見ても、毎回「イノベーションで……」とほとんど念仏のように唱えていますが、一向に結果は出てきません。

逆に、イノベーションを重視するのであれば、高輝度青色発光ダイオードを発明・開発した中村修二博士のように、アメリカにスカウトされたら、引き止めなくてはいけません。日本の大学か研究所が三顧の礼で迎えなければならない。ところが現実はまったく反対で、彼を蔑《ないがし》ろにしている。発明の動機は何かと記者に質問されて、「アンガーだ」などと言われてしまう。あれはどう考えてもまずいですね。

成長を阻む「収穫逓減の法則」の罠

「より速く、より遠く」が、限界にきていることを示す話をもう一つしましょう。それが少し前に説明した「収穫逓減の法則」です。

今まで一日一台自動車を作っていたけど、もっと売れそうだからもう一台余計に作りたい。いや、もっと売れるかもしれないから三台多く作るぞ、ということで拡大してきたのが近代でした。最初はたしかに生産を増やすことで儲けも拡大していたのですが、そのうちにそれも怪しくなってくる。一家に一台しかないときは、家族に二台あるほうが便利だね、と多くの人が思うから売れるのですが、一家に三台となると途端に状況が変わる。

たしかに一人一台あるほうが便利だけど、家には三台も停めるスペースがない、という家庭が増えるからです。それでは、買ってもらうためにメーカーはどう行動するか。三台目を買ってもらうためには大幅に値段を下げることになる。一〇〇万円で売っていた車を「八〇万円にしますから買ってくれませんか」となるわけです。駐車場代分値引きしないと買ってもらえないわけです。四台目となると保険代も負担しますよ、とさらに値引きが大きくなる。こうして安く売れば、それだけ儲けが減ることは避けられない。これが収穫逓減の法則です。

これは金利の世界にも当てはまります。金利というのは、その資金を使った投資で儲かるかどうかで決まるからです。たとえば、一つ工場を新たに作ると、そこから上がる収益が大きいときは高い金利でも借りたいと考えるし、逆に投資をしても収益が得られないと思うと誰もお金を借りませんから、金利は下がっていく。

国の発展と金利の関係を見ると、さらにわかりやすいでしょう。

七四年のイギリスや八一年のアメリカも二度の石油危機を挟んで金利が下がっています。石油危機で石油の代金が上がったことで、売り上げも増えたかもしれませんが、それ以上に仕入れ代金が増加したため、金利が下がったのです。日本の場合も七四年に一〇％成長から四％成長に急ブレーキがかかる景気後退が起きました。すると、それに呼応するように限界収益逓減になっています。

そして、限界収益逓減を長く続けていると何が起きるかというと、最終的にはゼロになってしまう。最初にオランダの金利が世界でもっとも低くなり、次にイギリスも超低金利になりました。

オランダの問題は経済圏が小さいことです。イギリスは七つの海を統一できましたが、オランダはできていません。イギリスがジャマイカやシンガポール、さらにインドに向かうまでの港をすべて押さえたときは、インド洋には海賊船は一隻もいなかったそうです。港に帰るとイギリス人に捕まってしまうから、水の補給ができなくなる。海賊船を掌握していないオランダの収益率はどんどん下がってしまうわけです。

一方でイギリスは、スペイン継承戦争に勝利したことで、アメリカ（新大陸）という土地を手に入れて、さらに利益率を上げていく。しかし、それも時間が経って一巡すると、また限界収益逓減が働いてくる。つまり、イギリスが永遠に世界のリーダーを続けていると、超低金利になってしまうから、別のリーダーが登場する。二〇世紀前後で言えば、これがアメリカというわけです。

アメリカも一六二〇年にメイフラワー号が辿り着いたのは東海岸でしたが、やがてカリフォルニアの西海岸まで領土を広げていきました。これが一九〇〇年頃で、その頃からアメリカは、「これからアジアに進出する」、と言いはじめた。この頃のアメリカがイギリスより金利が高いのは、アジアを植民地化したことによって、アメリカの収益率が高くなっていったからです。

歴史を見ると、あらゆる国の金利はやがて低下していったことがわかります。順番で言えば、まずはオランダが下がり、次にイギリス。しかし、インドやアメリカなどの新たなフロンティアを発見すると、再び金利が変動する。二〇世紀になると、アメリカがカリブ海とアジアを支配下に置いていくことで、金利が上がりました。

ただ、アメリカも今は日本と一緒に金利の下落が続いています。過去のパターンならそろそろ別の国が日本に代わって金利を上げる現象が起きてもいい頃なのですが、なかなかそれが見えてこない。なぜなら、地球上には空間が残っていないから。フロンティアになる土地がない以上、新しい空間を支配する国も現れようがないわけです。

中国が次の覇権国家になるという意見もありますが、それは難しいでしょう。なぜかというと、覇権国になるには新しいフロンティアの確保が不可欠なのですが、もはや地球上に十分大きくて魅力的なフロンティアが残っていないからです。

日本やドイツ、イタリアが近代化した六〇年代から七〇年代は一バレル二ドルですから、一億総中流まで豊かになることができた。しかし、中国は今もって一億総中流にすらなれていない。沿岸部は比較的豊かになりましたが、内陸部はいまだに貧乏ですし、そのことに対して不満を持っている人も少なくありません。

当時、総理大臣だった田中角栄は一九七二年六月一一日に、「日本列島改造論」を発表しました。もしも田中角栄が出てきたのがオイルショック後だったら、日本もうまく近代化することができなかった可能性もある。その意味では本当に運がよかったと言えるでしょう。

一方、中国がこれから一〇億総中流と言い出せば何が起きるか。エネルギー需要が急増して、原油価格はさらに上昇することは避けられません。目下はやや落ち着いていますが、原油価格は再び一〇〇ドル前後まで高騰するでしょう。

もしかすると中国はこれまでの近代とは違うやり方を考えつけば、次のリーダーになれる可能性もあるのかもしれませんが、少なくとも今はまだそれが見えてこない。ただ、国民を豊かにする方法としては、近代化（＝工業化）以外にないと思います。中国が一生懸命モノづくりをやっているうちは、どうぞ頑張ってくださいと温かく見守っていればいいのではないでしょうか。

電子・金融空間に潜むレバレッジという死角

アメリカはすでに、この地球上でフロンティアにできる陸地が残っていないことをよくわかっています。そうした現実に対して具体的に最初に挑戦をはじめたのもアメリカでした。「電子・金融空間」という、これまで存在しなかった新しい空間がそれです。しかし、この新しい空間には大きな問題があった。それは、常にバブル経済の状態になりやすいということです。

しかし、資本の自己増殖をはかるには、バブルの発生と崩壊のくり返しが必要なのです。資産価格が上昇し続けたら利益を確定できないので、バブルのピーク（前後）で一旦売り抜け、バブルが崩壊したら安値で買って、適正価格に戻ったら売ればいいのです。売りと買いで、どちらも儲けることができるのです。

金融空間では、現実世界の制約から逃れているため取引の回転率を極限まで高めたり、レバレッジを高めたりすることができる。しかし、レバレッジを高めるということは、それだけ破綻するリスクもあるということにほかなりません。

投資銀行は、商業銀行に課せられていた自己資本比率八％以上という規制がなく、高いレバレッジをかけていました。一時は六〇倍のレバレッジもあったのですから、これはもうありえないと思うのです。六〇だと計算がややこしいので五〇倍にしますが、この場合、自己資本として二％。二％の手金を用意すれば一〇〇の投資ができるけれど、不足分の九八％は負債。この場合は、一〇〇の資産が二％下がっただけですべてを失うことになる。つまり、倒産です。

どこか一つの銀行がこんな無茶な投資をしているだけならともかく、リーマンショック前はほぼすべての投資銀行が五〇倍以上でした。この状態で、たとえば三％投資先の商品が値下がりするとなると、その銀行の株主が持っている株券はすべて紙屑になってしまう。それでも、一%分は足りませんから、足りない分は預金者がかぶることになるわけです。これほどリスクの高い投資が当たり前のように行われていたのですから、どう考えてもまともな状態とは思えません。

現在、日本には九二〇兆円の預金（マネーストック、M2ベース）があると言われますが、現金として存在するのは一〇〇兆円程度です。万が一この状態で預金者が全員預金を引き出せば、通帳に記載されている金額の八分の一しか現金はないわけですから、一〇〇万円預けていた人にも約一二万円しか払えない。これは大変です。

あなたが預金している銀行がレバレッジ五〇倍の投資をしていて、資産が三%下がったとわかったら、とにかく朝一番で銀行の窓口に走るしかない。九時の時点で八〇人中一〇番以内に並んでいれば、なんとか一〇〇万円は確保できるでしょう。

そういう意味で「電子・金融空間」はエネルギーの制約を受けないことは大きなメリットですが、決して安全な市場とは言えません。レバレッジを高めていけば、いつ破綻するかわからない。株式や住宅や金などの資産が永久に上がり続けることがない以上、「電子・金融空間」で利潤を上げていくことが近代の行き詰まりを解決する根本的な解決にはならない、ということなのです。

第6章

「帝国化」する世界

拡大するほど収益が低下するのが経済の宿命

前回は限界費用逓増の原則について説明をしました。一単位生産物を作るときに費用は、生産量が増すほど逓増していくという原則でした。

ところがエネルギーコストに限っては、どれだけ使っても一バレル二ドルで一定だった。これは例外中の例外。しかも、エネルギーは、近代社会を維持するうえで不可欠の存在。それが、低いコストで調達できたおかげで、産業革命以降エネルギーを急速に使うようになっても高い成長率が継続できたし、新大陸など地理上の発見をして先進国は生活水準を加速することを可能にしたということでした。

限界費用逓増とともに、経済発展にとって大きな足かせがあります。それが「限界収益逓減」の法則です。この場合も「限界費用逓増の法則」と同様、一単位生産物を余分に作ると、そのときの収益は徐々に減ってしまう、という意味です。

チョコレートで考えれば理解しやすいでしょう。チョコレートも最初は多くの人がほしいほしいと言いますが、一〇個目になると「もうおなかを壊すからいらない」と言い始める。するとなかなか売れません。それでも買ってもらうためには、販売価格はだんだん下がっていくという流れです。

つまり、販売数量が増えれば増えるほど、販売価格は下がっていく。しかも、限界収益逓減で、収益は減少していきますから、いずれはこれ以上値下げできないというポイントが到来することは目に見えています。

そのことは、金利の歴史からも知ることができます。

図【6－1】は、各国の金利の動きを示したグラフです。金利は利潤とおおむね同じ方向に動きます。なぜなら、利潤はコストである金利水準によって左右されるからです。

もう少し説明すると、売上高は、製造原価と利潤、さらに人件費から成り立っています。さらに固定資本減耗という資本の維持費も含まれていますが、長期的に見れば売上高に占める製造原価というのはおおむね鉱物性燃料輸入額の対売上高比と連動しています。日本の製造業は二〇世紀までは製造原価売上高比率が七八％から八二％のあいだで推移していました。二〇一五年度は七九・三％と推定され二〇〇六年度とほぼ同じまで低下してきました。一〇〇％からこの比率を引くとおよそ二〇％になります。この中の四～五％が売上高営業利益率です。

仕入れにあたる製造原価が販売価格以上に値上がりすると、製造原価売上高比率が上昇して、利益率は低下します。それにともなって、金利も低下していくのです。イタリアの金利は一五五五年から下がり始めた。イギリスはナポレオン戦争あたりから下がり始めた。アメリカや日本、イギリスはいっせいに一九七四年から八一年頃をピークに下がってきました。

こうしてみな限界収益逓減は常に起きるのですが、手を拱《こまね》いて見ている人は誰もいません。たとえば、イタリアの場合、利子率は一・一まで下がりました。そこでイタリアがこのままの仕組みを維持し続けていると、最終的にはゼロになるでしょう。でもゼロになる前になんとかしなければいけない、と行動を起こす。要するに、それまでとは異なる仕組みを作ろうとします。

一五世紀末、新しい空間を求めて命がけで大航海に乗り出したのは、イタリア人(スペイン王室の支援で新大陸を発見したクリストファー・コロンブス)であり、ポルトガル人(バスコ・ダ・ガマ)でした。彼らは「閉じた地中海世界」から果敢に「無限の空間」へと飛び出したのです。しかし結局、スペインやイタリアの為政者は帝国システムや教会システムに固執して、新しいシステムを作ることはできませんでした。

一六世紀に「空間革命」を起こしたオランダとイギリスが、近代という新しいシス

図【6-1】

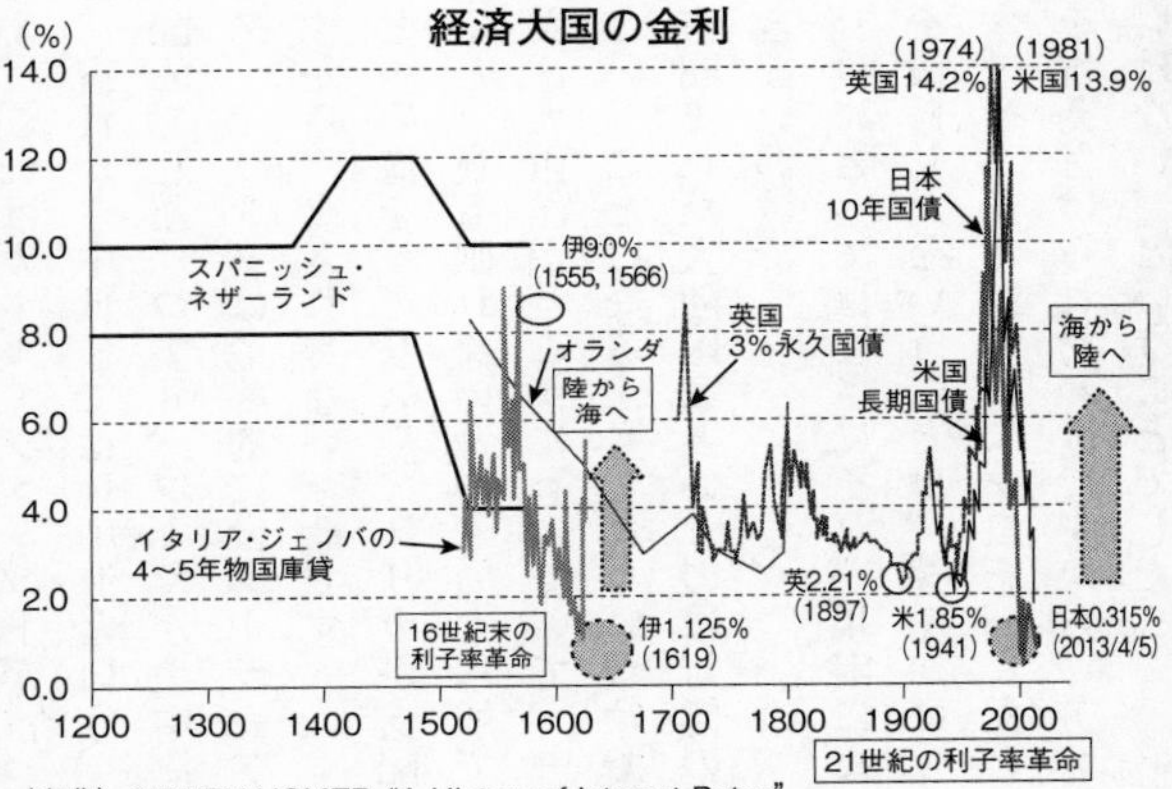

(出典) SIDNEY HOMER "A History of Interest Rates"、
日銀「経済統計月報」

テムを作り上げたのです。これはカール・シュミットが言った言葉ですが、具体的にどんな革命かというと、古代から中世までは地中海という、海を東西南北、陸で取り囲むという考え方が支配的でした。つまり、ローマが地中海を全部取り囲んでいたのとは対照的に、イギリス、オランダは最終的にはユーラシア大陸を海で全部取り囲んでしまうというわけですから、まぎれもない革命です。

そういう意味では、七つの海をイギリスやアメリカが支配するということは、ロシアなど大陸の国からすると、夜も眠れないというのも理解できますね。核ミサイルを搭載した原子力潜水艦が、大西洋かどこかに潜んでいて、一〇分程度でモスクワに核ミサイルが飛んでくるということになるかもしれないわけです。いったんそうなってしまうと、海で四方八方囲まれた大陸国家というのは対処のしようがありませんから、おちおち眠ることもできないわけです。

キューバ危機はアメリカにとってはまさにそれが現実になったのです。お隣キューバにロシアがミサイルを設置したということは、速やかにワシントンまで核爆弾が飛んでくるということです。せっかく海でモスクワを囲んだというのに、逆にキューバという陸地にミサイルを備え付けられたわけですから、アメリカにしてみれば、なんとしても拒否しないといけない、ということでした。

この空間革命は、「陸で海を囲む」という概念から「海で陸を囲んでしまう」という考え方の大転換であるほかにも、さまざまな価値観の変化をもたらしました。キリスト教社会は、あらゆるものが閉じた空間に存在します。宇宙についても「閉じた空間」から「無限の空間」へと変わりました。「閉じた空間」を前提としたローマカトリックの地上支配も、キリスト教の宇宙観が崩壊すると同時に、終わりました。これとほぼ同時に何が起きたかというと、イタリアで一・一％まで下がっていた金利が上昇に転じている。空間の概念の全部ひっくり返しと呼応するように、一％だったオランダの金利は五％くらいまで跳ね上がった。これは限界収益がジャンプしたということです。

こうして限界収益が再び高まったオランダですが、やがては限界収益逓減になる。一方でイギリスは限界収益が高まってきて、オランダとクロスする。ちょうど一七〇〇年代の半ばですね。ここで何があったかといえば、オランダとの戦争にイギリスが勝利して世界の覇権を握り、オランダの制海権をイギリスが奪取した。それによって利潤率が一気に上がっていくというわけです。

その後、ナポレオン戦争が起きると欧州の金利は総じて上昇していきました。戦争による物資不足からインフレ傾向が進んだためです。しかしナポレオン戦争が収まると、イギリスも限界収益逓減になる。一八九七年には二・二%と、二%割れ寸前になりました。

結局イギリスの金利は二・二%を下回ることはありませんでしたが、次第に衰退。それに代わって台頭するのがアメリカです。実際にアメリカが覇権を取ったのは、第二次大戦中の一九四一年頃ですが、アメリカの金利は一九世紀から二〇世紀にかけて一貫して上がっていきました。イギリスは一八世紀から一九世紀までの二〇〇年間も金利が低下します。それはインドという空間で限界収益逓減の法則が働いたからです。当時イギリスはインド洋の主要な島と港をことごとく押さえてしまった。おかげでインド洋は平和な海になったと言われていますが、これと同じことが二〇世紀のアジアで起きます。アメリカが、二〇世紀をアジアの時代と位置づけ、アジア支配に乗り出したからです。利潤率も当初は当然、上がるのですが、その後だんだんと低下していきます。

こうして見ると、限界収益逓減というのはどこの国も避けられないことがわかると思います。特に一九七四年から八一年以降は、日本やドイツも含めたG7のすべての国で金利が下がってきました。

いずれ利子率は下がっていく

そこで、新たなフロンティア空間として、BRICsと電子・金融空間で、再び利潤率を上げようと期待したわけですが、現実にはそううまくことは運んでいないのが現状です。

なぜ利潤率が上がらないのでしょうか。利子率はあくまで「X－Y空間」の利潤率を反映したものだからです。

まず、電子・金融空間から説明しましょう。金融の自由化が世界で始まったのは、先ほどの七四年から八一年にかけた先進国の金利が下がる過程でした。日本の金融ビッグバンは九七年で、やや遅れて始まりましたが、サッチャーの金融ビッグバンは八〇年代前半、アメリカでいろんな金融自由化が進むのも八〇年代です。

なぜ、各国はほぼ同時に金融の自由化を進めたのか。電子・金融空間を自由に動き回れる空間を作るための制度を整備する必要があるからです。二〇一四年七月、米国のダウ指数は一万七〇〇〇ドルに史上最高値を更新。日本も一万七〇〇〇円に回復。これで先進国、特にアメリカには大きな富が流れ込みました。なにしろ今、「電子・

金融空間」はものすごく儲かるのです。一〇億分の一秒を節約しながら超高速で取引しますから、短時間でお金を動かすことができるからです。しかし、実物投資の収益率を反映する利子率は上がりません。上がったのは株価だけ。そこでルールが変わり、電子・金融空間の利潤率をはかるものさしは、利子率ではなく株価だということになっています。

BRICsはどうでしょう。BRICsという名前の名付け親はアメリカです。アメリカは、二〇世紀をアジアの時代にしたように、BRICsを二一世紀の新たな空間にしようとしたわけです。実際、BRICs諸国の経済は急拡大しました。こうなると本来はアメリカの金利が上がってもいいのですが、一向に上がる気配がありません。

このように利子率というのは「X－Y空間」が広がらなくなると下がるわけですが、それぞれ黙って利子率が下がっていくのを甘受していたわけではありません。下がった利子率を復活させるための努力をします。それが新しい空間探しの冒険であり、過去それに成功した国が次の覇権国となってきたのです。

歴史上、覇権国はオランダ、イギリス、アメリカだけ

これまで何度か覇権国という言葉が出てきましたが、ここで覇権国とは何か、ということについて説明しておきましょう。

ウォーラーステインによれば、覇権国とはオランダ、イギリス、アメリカの三カ国しかありません。スペインは帝国ではあるけれど、覇権国ではないです。帝国は、帝国システムの上に乗っかっているのに対し、覇権国というのは国民国家システムの上に乗っている。つまり、存在する土台が異なるわけです。

覇権国とは多数の国民国家の存在からなる近代システムを前提とする概念です。一方、帝国は近代システムからは生まれません（もっとも、近代システムにおいて「非公式」帝国という概念を持ち出してきますが）。そもそも近代は帝国を否定してできたのです。具体的には次のような違いがあります。帝国というのは相手国に対して内政も外交もすべて影響を与える。これに対し、覇権国は、外交には影響を与えるが内政には干渉しない。内政にまで干渉すると主権国家システムと相容れなくなるからです。

アメリカと日本の関係で言えば、一九九〇年に起きた湾岸戦争のとき日本の海部俊樹総理は一三〇億ドル（一兆五五〇〇億円）を多国籍軍に対して負担しました。当時はアメリカもそれで許してくれましたが、二〇〇一年のアフガン戦争になるとお金だけでは納得しません。「それじゃダメだ。地上軍に人も出せ」（ブーツ・オン・ザ・グラウンド）と言われて、小泉純一郎総理は危険じゃないところに限るものの、自衛隊を送ることにした。国会で危険ではないところはどこですか？　と質問され「そんなことは私にわかるわけはない」と思わず答えてしまったのは有名な話ですが、この段階までは、アメリカは日本に対して覇権国と言っていいでしょう。

ところが九〇年代の後半以降は事態が変わってきました。九七年から始まる金融ビッグバンや、その後の郵政民営化などは、アメリカが毎年作成している「年次構造改革要望書」に書かれた内容に沿って進められたものでした。建前上は「日本はこの分野で構造改革をしたほうがいいですよ」となっているものの、実質的には命令で、郵政改革もそこに書かれていたもので、それを受けて小泉総理大臣が郵政改革を行ったと言われています。

だとすれば、九七年あたりからのアメリカは、日本に対して内政に影響力を与えるようになっている。九〇年代のある時点以降、アメリカは日本に対しては覇権国ではなく、帝国になったと考えていいのではないでしょうか。主権国家システムが崩壊しているわけではありませんので、一九九〇年代後半以降、アメリカは「非公式」の帝国になったと言えます。

現在も問題が続いているTPPも、帝国システムを作るための作業という見方もできるかもしれません。ただ、帝国システムというのは、あくまで中心になるのは一国ですから、日本がTPPに参加するなら中心にならないと意味がないのですが、難しいでしょう。交渉自体、途中から飛び乗っているわけですし、そもそも日本に中心を狙うぞという意図は感じられないのは残念です。いずれにしろ日本とアメリカの関係においては、九〇年代以降、帝国システムに変貌しつつあると言って間違いないでしょう。

一方のヨーロッパも、一九九二年に結ばれたマーストリヒト条約以降、「ユーロ帝国」建設への道を歩み始めたと言っていいでしょう。財政危機にあるギリシャ財政に対して、「こんなんじゃダメだ」と言って、国会で決めた内容をEUが突き返すということは、主権国家システムではありえません。EU内において弱小国は、主権を持っていないも同然というわけです。

アメリカ帝国に入る道を選んだ日本

問題はこうした世界の変化の中で、日本はどう振る舞うのが得策なのか、ということです。

現状を見る限り、日本はアメリカ帝国の影響下に入ることを選んでいる可能性が高いと思います。TPPはさらにその姿勢を明確にするでしょう。

日本にとってややこしいのは、お隣の中国も帝国を作ろうとしていることです。覇権国と違い、あまり近くに二つの帝国があると、衝突が避けられません。すでに小さな衝突は起き始めていますね。当初は尖閣諸島だけだと思われましたが、最近は小笠原諸島まで中国が接触し始めています。

帝国とは、互いに干渉しない程度に離れていて初めて複数存在することができるものので、接近した場所に複数の帝国は存在できないのです。つまり、どちらかが消滅するのですから、日本はどちらの帝国に属するのか、いずれ選択を迫られることになるでしょう。もちろん、アメリカ帝国システムに属することになるのでしょうけど、その帝国のトップをめざすトランプは、そのサイズを縮めるかもしれません。すでにオバマ大統領は二〇一三年九月に「アメリカは世界の警察ではない」と述べています。

このオバマ大統領発言の重要なポイントは次の点にあります。二一世紀には「非公式」の「世界帝国」は存在し得ないということです。二〇世紀の末、一九九一年にすでにソビエト「世界帝国」が崩壊しています。東の横綱に続いて二十数年後に西の横綱は自らの意思で「世界帝国」の主役から降りようとしています。フランス革命のあと市民社会の時代となって、資本主義と社会主義が闘ってきましたが、「世界帝国」の建設は見果てぬ夢だったのです。

世界の帝国化のはじまりについて、九〇年頃から指摘している専門家もいました。フランスのジャン＝マリー・ゲーノがその一人。元々は外交官でしたが、のちに大学の先生になった人物です。彼は「二一世紀は帝国の時代だ」と、『民主主義の終わり』（講談社、一九九四年）という著書で指摘しています。この本は当時まだ大学で教鞭をとっていた舛添要一が翻訳をしています。

ゲーノは以下のようなことを書いています。

帝国の時代になるということは、すなわち二一世紀の現在の状況にてらせば、「地域帝国」の時代になるということです。そして、国民国家の基本的な背景である民主主義も終わるだろう、と。かなり今の姿を言い当てていますね。さらに本の終盤では、ヨーロッパに「第四のローマ帝国ができる」とも書いています。これはどうでしょうか。現在のユーロは実質的にドイツが主導しています。ドイツの場合、ナチスが第三帝国でしたから、今は「ドイツ第四帝国」と言っていいかもしれません。

こう考えると、先ほどの金利の話で、BRICsや「電子・金融空間」という新たなフロンティアができたにもかかわらず利子率や利潤率が回復しないことも理解できるのではないでしょうか。

「世界帝国」は無限の空間を前提とする概念ですが、「地域帝国」は複数存在するため有限の空間で成り立ちます。有限の空間では新しいフロンティアがないことを前提としているため、ドイツの金利は上がるどころか、まもなく一〇年国債利回りが日本に続いてマイナスとなるでしょう。

アメリカが「世界帝国」ではないと言った二〇一三年は、まさに日米欧の中央銀行がゼロ金利政策ないし、未曾有の量的金融緩和を実施していた時期です。ゼロ金利、そしてマイナス金利は「世界帝国」の終わりを意味しているのです。

今起きていることは単に次の覇権国はどこかという争いを通り越している。なぜなら覇権国は国民国家の時代に存在するもので、国民国家の時代はこれからも続くということが前提。しかし、現実に起きていることは、国民国家の時代は終わって、帝国の時代に入ろうとしている。従来の定説が通用しないのも、そのためなのでしょう。

要約すると、覇権国争いというのは、一七世紀から二〇世紀のあいだの話である。高かった金利が二%に近づくほど下がると、新しい空間を見つける争いが起きる。そして、新しい空間を支配した国が覇権国になり、同時に金利もジャンプするという歴史を繰り返してきた。しかし、それは二一世紀の今、ついに終焉を迎えつつある、ということです。

国民国家の時代は終わろうとしている。これは紛れもない事実であり、誰も止めることはできないでしょう。だからといって、明日、国民国家のすべてが消滅するわけではもちろんありません。おそらく、一〇〇年程度かけながら、フェイドアウトしていくのでしょう。

ただ、すでに国民国家時代の終わりを示す出来事が、今、世界のさまざまな場所で起きはじめています。国民国家体制では対処できない事態と言ってもいいでしょう。その最たるものが、テロリストとの戦いです。最近では軍隊とテロリストが戦うことは当たり前になっていますが、これは国民国家の概念をあきらかに超えている。

おそらく、こうした事態が変化し始めたのは、一九九九年三月から六月にかけて行われたNATO軍によるコソボの空爆あたりからでしょう。旧ユーゴスラビア連邦の一つだったセルビア共和国に属するコソボ自治州の独立運動をめぐる内戦です。その政権が自国民を虐殺していた。しかし、国民国家である以上、その国の中で起きていることに対して口を出さないのが、近代のルール。

外部が介入できるのはあくまでも政権側からの要請があった場合に限られるわけで

す。どれだけ大量の虐殺が行われている事実を把握していても、です。ただ、最終的に西側諸国がどうしたかと言えば、建前よりも人権を重視するということで一方的に空爆に踏み切りました。これも、あきらかに国民国家体制が現実に対応できていなかった例と言えるでしょう。

こうした流れを決定づけたのが、9・11米国同時多発テロでした。当時のブッシュ大統領は9・11の直後に非常事態宣言を出し、「疑わしいものは全部逮捕する」という法律に署名しましたが、これは従来の常識ではありえないことです。極端に言えば、証拠がなくても、目つきが怪しいというだけで逮捕尋問できるわけです。これは近代主権国家が確立した法律、つまり、違法な行為をした人以外は逮捕できないという枠組みを完全に超えています。

国内で言えば、ストーカー事件で事前に逮捕できないのも近代国家の法律を守っているからでした。あの人はストーカーの目つきをしているというだけで逮捕できればストーカー被害は減るかもしれませんが、いつえん罪をかけられるかわからないので、サングラスをかけないと街を歩くのも怖い時代になるかもしれません。

いずれにしても、国民国家の枠組みにほころびが出ているのは間違いないでしょう。

変容する「帝国」のあり方

帝国とは、外交政策だけに止まらず内政に対しても影響力を行使する国のことだ、と前に説明しましたが、改めてもう少し詳しく見ていくことにしましょう。

帝国の定義にもさまざまありますが、もっともわかりやすいのが、フランス文学者の松浦寿輝による「『帝国』とは絶えず辺境を拡張し続けようとする絶え間ない闘争の別名だ」というものがあります。このため、「『帝国』の領土の辺縁はつねに曖昧にぼやけている」と言っていますが、これが非常に重要です。つまり、「広がろうとする力と、それを押し戻そうとするもう一方の力との葛藤が演じられる流動的な場」があるということ。尖閣諸島と小笠原などはまさにそれで、「一瞬たりとも固定することはない」し、「可視的なかたちで確定した外縁を持ったとき、その帝国はすでに死んでいる」ことになります。

この定義からも、接近した場所に複数の帝国が成り立たないことがわかるでしょう。共同管理といっても、二〇〇海里で線を引きましょう、というのは不可能。永久に尖閣と小笠原の周辺では押したり引いたりが続くことを覚悟しなければならなくなるわけです。

ただ、松浦寿輝は、現実のユーロ帝国やアメリカを想定して、帝国を定義しているわけではもちろんありません。松浦はフランツ・カフカの短編小説『皇帝の親書』の研究のなかで帝国についても触れているのです。この物語には、死の縁にいる皇帝が家臣に親書を渡すシーンがあります。家臣は皇帝が何を語るかに注目していました。しかし、結局この皇帝は、その手紙をどこの国の誰に渡せとは、ひと言も言いませんでした。とにかく渡すだけ。しかし、渡された家臣は「はい。わかりました」とだけ言い、その場を去っていく。この場面を読んで松浦が書いたのが先ほどの帝国の定義なのです。

物語を読んで想像するのは、ハプスブルク家の、オーストリア・ハンガリー帝国です。カフカが生まれたのはオーストリア・ハンガリー帝国の辺境で、しかも彼はユダヤ人でしたから、非常に身分が低い。だからカフカはオーストリア・ハンガリー帝国の本質を見事に言い当てたのだと思います。カフカの短編小説に出てくる皇帝はどこへ持っていけとも、誰に手紙を渡せとも言わない。どこの国の誰という相手を明確にすれば、その瞬間に自国の辺境も決まってしまう。家臣はそれを理解しているから、どこへ持って行くのですか？　と尋ねることもせず「はい、わかりました」とだけ答えて下がっていきました。

これがオーストリア・ハンガリー帝国時代の帝国の姿ですが、スペインのカール五世の帝国も似たようなもので、古代ローマもそうかもしれません。現実的には、ハドリアヌスは、蛮族から領土を守るためハドリアヌスの長城を作りました。中国でも秦の始皇帝が万里の長城を作るわけですが、「世界帝国」が長城を作った時点で「世界帝国」は終わるのです。常に「帝国」というのは、世界帝国を理想としていたのでしょう。

しかし、今世界で誕生しつつある帝国は、かつての帝国とはかなり様相が違ったものになると思われます。

ドイツのメルケル首相がユーロを世界の基軸通貨にしようと思っているとは、とうてい思えません。ヨーロッパは北を北極海の氷、西は無敵艦隊も負かすほどの荒波で知られる大西洋、南はサハラ砂漠に囲まれている。その中に位置するヨーロッパはまさに、天然の要塞で守られているわけです。逆に言えば、ヨーロッパを攻める敵は常に東側からやって来る。モンゴルもオスマントルコも東からきた。だから、ヨーロッパにとって東の国境線をいかに安定させるかが常に最大の関心事。それは今も同じで、ウクライナとトルコをどうするかを議論し、シリアからの難民にどう対応するかも大問題になっています。これさえ落ち着けば、ユーロの「閉じた帝国」作りも完了を迎えるのでしょう。

帝国は中心と周辺から成り立つ

先ほどの松浦の解説はかなり文学的だったのにくらべて、より具体的に帝国を定義したのが、アメリカの政治学者マイケル・ドイルです。彼の代表作『エンパイアーズ』(本邦未訳)は帝国論に関する標準的な教科書とも言われるもので、この中で彼は、帝国には三つの要素が必要だと言いました。

第一は、「中心」の存在。それもたんなる中心ではなく、強力な中心でなければならない、と言っている。強力とはつまり、周辺にきちんと言うことを聞かせる力でなければいけないという意味で、強力な中心というのは、「強力な中央統治機構を備える中心」です。

第二として、「周辺」の存在。「中心の言うことを素直に聞くという周辺でないといけない」。常に反発しているようでは周辺ではなく、カルタゴがそうであったように滅亡するということでしょう。ジャイアンとのび太の関係です。強力な皇帝であるジヤイアンがいて、それからいつも言うことを聞かなければいけない臣民・のび太がいる。あれはアニメですが、たぶん子ども世界における帝国を描いていると思います。

そして、三番目は、強力な中心とそれから中心に対して抵抗力の弱い周辺が複数あって、中心と周辺を結びつけるイデオロギーが存在する。

イデオロギーは、諸装置とも言われます。諸装置とは、たとえばローマ帝国で言えば、属国の人であってもニ、三年ほどローマ軍で兵役に就けばローマ市民になれるといったことで、そういうのも一つの装置でしょう。それによって、ローマのために一生懸命やろうというインセンティブが働き、結果として中心と周辺の結びつきを強固なものとしているからです。

イギリスの競争力が強いときは自由貿易主義もこれに含まれるかもしれません。穀物にかけていた関税を取り払って、イギリス人はヨーロッパから安い農産物を買って、その分だけ生活費が下がるため、よりたくさん工業製品を買える、ということになります。

最近では新自由主義もそうです。これらに共通するのは、すべて中心にいる人たちがその時々でもっとも都合のいい諸力、諸装置を考え出したということ。それもほとんどはアメリカとイギリス。日本から一度も自由貿易主義をやろうとか、帝国主義、植民地主義にしようと言い出したことはない。それは日本が一度も中心になったことがない、ということになります。たとえば日本は法人税引き下げ政策を際限なくするのはもうやめようと言いたくても公式の場では言えません。

同様にドイツやフランスも中心になったことはありません。フランスはナポレオンの時代に少しだけそれに近い状況になりました。ドイツもナチスの時代にはパリへ行ったり、スペインの半分ぐらい占領したりしましたが、ごく短い期間でした。ずっと継続的にはイギリスとアメリカだけが帝国（非公式）だった、ということになります。そして、この中心と周辺というのは、国民国家の時代も、その前の帝国の時代も、常に中心と周辺がある。これは永遠に変わらない存在です。国民国家の時代になってもイギリスという中心があって、インドという周辺がある。アメリカという中心があるときにはカリブ海やフィリピンなどの東南アジアが周辺です。

オーストリア・ハンガリー帝国で言えば、ウィーンという中心があれば、ボヘミアという周辺がある。ローマ帝国で言えば、ローマという中心があって、ガリアがある。今のフランスですね。だから中心と周辺と、それから中心と周辺を結びつけるイデオロギーというのは、いつの時代もある。

先の三要素が帝国であるという定義に当てはめると、国民国家の時代にも帝国があるという解釈も成り立ちます。ではここで疑問になるのが、ジャン＝マリー・ゲーノの言うところの再び「帝国の時代に戻る」とはどう解釈すればいいのか。

非公式の「世界帝国」から、公式の「地域帝国」の時代へと変貌を遂げているのです。ユーロには合衆国大統領が存在するわけですから、呼び名を使うかどうかは別にして、ユーロ帝国そのものでしょう。ＥＵ合衆国大統領が、かつてのローマ法王の役割を果たしているわけです。

メルケルは、スペインのカール五世の権力を持っており、一方で権威あるＥＵ大統領（欧州理事会の議長）は現在二代目としてポーランドのドナルド・トゥスクが就任しています。権威と権力を分離した中世的な公式の帝国になっていこうとしているのです。

もちろん国民国家に皇帝はいませんが、ブッシュ大統領やクリントン、あとはニクソンも事実上は皇帝だったと言えるでしょう。

特にクリントンは、シーザーとともに不倫をしても非難されなかった、ただ二人のリーダーだと言われています。

グローバリゼーションは帝国のイデオロギー

先ほどの帝国構成する三番目の要素から言えば、「グローバリゼーション」も、帝国と周辺国を結びつけるイデオロギーと考えることができます。

そもそも「グローバリゼーション」とは、一般にはヒト・モノ・カネが自由に移動することと言われますが、これを提唱し始めたのはアメリカでした。この「自由な」という形容詞があることがポイントで、自由と言われてしまうと、誰も反論ができなくなる。自由という概念は、フランス革命で獲得した貴重なものですから、「自由な」と言われると、誰も後戻りできないものと相手に思わせてしまう力があります。

ヒト・モノ・カネの自由な移動という概念を、中心の人たち、つまり先進国が定義づけるのも、そう考えると納得できるのではないでしょうか。中心は、抵抗力の弱い周辺に対して、「移民もどんどん来てください」と言う。それが中心に振り向いてもらうための手段だからです。アメリカの証券市場は非常に自由に売買できるからいいですよ、と言われれば「そうですか、どんどん投資してください」となる。企業もアメリカに工場作ってください、ということになります。

もちろん、先進国の人にもグローバリゼーションは自分たちの都合で言っていると気づいている人もいます。WTO（世界貿易機関）はグローバリゼーションを進める一番の国際機関ですが、一九九九年一一月三〇日から一二月三日までWTO閣僚会議がシアトルで開かれたときに大規模な反対運動が起きたのも、「中心」が「周辺」から搾取する帝国システムに矛盾を感じている人が大勢いるからなのでしょう。日本ではグローバリゼーションを一生懸命進める人がいますが、彼らは自分が中心にいると思っているか、あるいはワシントンの代理人なのでしょう。自分が中心だと思っているとすれば、おめでたすぎますから、たぶん代理人の立場じゃないかなと、私は思います。

もちろん日本が中心になるぞと宣言するかどうかは別にしても、日本が中心になるような形でグローバリゼーションを進めているのなら、私も批判はしません。うまくいくかどうかは別にしても大賛成です。これから世界が帝国の時代になるとすれば、最良の選択は、自らが中心になることだからです。それが叶わないなら、いかに中心に近づくか。その他大勢にならないためには「助さん格さん」の立場をめざすということです。おそらく日本はそれをめざしているのでしょうが、アメリカが日本を助さん格さんだと認めてくれていないようなのが、問題です。結果はまだわかりませんが、なんとかその他大勢になることだけは避けてほしいものです。

なにしろこれから大きな影響を世界に与えていくグローバリゼーションは、もはや文字どおり世界を一つにするというものではありません。ヨーロッパはヨーロッパ、アジアはアジア、アメリカは北米と中米という地域帝国です。現段階で一番帝国に近づいているのが、ユーロでしょう。東側の国境が決まれば完成、という段階まできています。

なぜ、地域型の帝国になるのかと言えば、これはエネルギーの問題です。一バレル一〇〇ドルではコンコルドも飛べない。コンコルドは一バレル三〇ドル台前半のときに引退に追い込まれました。ジャンボも飛べないということになってしまったからです。その点でも日本の立場は微妙です。日本から北米までの距離は一万二〇〇〇キロ、現在の石油価格ではジャンボで日常的に移動するには採算が合いません。

エネルギーが高騰した今は、距離は決定的な条件になるのです。ユーロと北米も同様です。大西洋の約四〇〇〇キロをノンストップで飛ぼうとコンコルドを作ったわけですが、これはもう合理的とは言えません。そもそもそれ以前に墜落してしまった。技術的にマッハ2での飛行は、原発と同じくらい不安定ということがわかったのです。

日本でもグローバリゼーションの時代だという言葉を頻繁に聞くようになったのは、

一九九〇年代でした。当時のアメリカは「世界の警察官」だった。つまり、「世界帝国」をめざしていたはず。東のソビエト帝国が解体したので、世界を一つにするチャンスが到来し、みなが真剣に考えていた。ところが、二〇〇〇年代に入ってからは大きく方向が変わりました。

中東の独裁政権だったフセインを倒して民主化を促したのに、中東各国の治安は悪化し、アメリカの財政負担は増すばかりでした。やがてアメリカも、世界帝国は無理だと思うようになったのです。二〇一三年にはアメリカもそれを認めました。オバマ大統領の「アメリカは世界の警察官ではない」発言がそれです。良くも悪くもアメリカが世界の警察官ならば、世界中に西側の法律を適用させられたかもしれませんが、警察が一つではないということは同じルールを押しつけることを諦めたということなのです。

ところが、困ったことに日本はいまだにマッハ2で飛ぶぞ、と言い続けている。TPPでアメリカに忠誠を誓っているのも、その証拠でしょう。ただ、運よく助さん格さんになれたとしても、両国の距離がいかにも遠すぎる。これは如何《いかん》ともしがたい。この地理的な条件をいかに克服するか、これが今後の日本にとっての当面の課題と言えるかもしれませんね。

ユーロは現代の帝国をめざす

BRICsの時代になり、新しい空間を見つけたのに西側先進国の利潤率が上がっていないということは、これまで何度も出てきましたが、この理由を帝国とグローバリゼーションという観点で考えてみましょう。

実は今、中心と周辺を結ぶ軸が、少しずつ動いているのです。言うまでもなく現在の世界の中心はアメリカなのですが、二一世紀はBRICsの時代だと、アメリカの投資銀行が持ち上げてみたものの、BRICsとは地域の中心であり、それはどうも北京なのではないかと、アメリカは考え始めていると思います。帝国という中心が、イデオロギーによって周辺と結びつこうとするのはなぜかと言えば、中心に富を全部集めるため。それ以外にはありえません。

まさに、世界の道はローマに通ずるということ。ところが、BRICsの富は、どうもアメリカには思うように集まっていないのではないか、ということです。

一八世紀から一九世紀のイギリスとインドの関係において、明らかにインドの富が、イギリスに集まっていました。しかし、今はどうでしょう。中国に会社を作って、そこで上げた収益を全部日本に持ち帰るなどということはとうていできません。インドネシアやベトナムでも同様です。軍事力という後ろ盾があったとしても、ましてグローバリゼーションというお題目がどれだけ立派でも、同じ。世界を一つにして全部ウォール街に富を集めるというのは無理なのです。

そこでユーロは、閉じた帝国にすることで、その中心であるベルリンに富を集めようというやり方に方向転換した。ベルリンはあくまで象徴で、実際にそこに集めているのではありませんが、一応ベルリンが中心でギリシャなどが周辺になっているわけですが、ここでは「閉じた帝国」ということに意味がある。

開放的な帝国のケースを東京で考えてみましょう。中心が東京で、仮に福島が周辺としますと、福島の富が東京に行く。しかし、東京に蒐まった富がやがてはウォール街に取られてしまう。開放的な帝国においては、東京が日本の中心でも、世界から見れば周辺になってしまいます。これでは地方はますます疲弊してしまう。

これに対しヨーロッパのように閉じた帝国はどうか。ギリシャ人がドイツからポルシェを買えば、その利益はベルリンに入るわけですが、ベルリンの富はウォール街に持っていかれるわけではありません。富が移動してギリシャは貧しくなるかもしれないけれど、やがてベルリンがギリシャを援助することになるので、ギリシャ人も損はないわけです。

ドイツ人からすれば「何で俺たちの税金でギリシャを助けなければいけないのか」と怒るかもしれません。しかしギリシャの人だって「俺たちがポルシェを買ったから儲かっただけだ」となる。それぞれ不平不満はあるでしょうが、閉じた帝国の中で富がぐるぐる回るのだから、外に流出するよりはましなのではないでしょうか。

中国はBRICsの帝国になれるか

では、BRICsも帝国になることができるのでしょうか。

少なくとも中国は、BRICs帝国の中心になることをめざしているようです。増大するアジアでのインフラ整備のための資金ニーズに応える目的で二〇一四年に設立されたアジアインフラ投資銀行（ＡＩＩＢ）も、実際は中国が帝国になることをめざして作ったものでしょう。ただ、中国がめざす帝国は閉じた帝国なのか、それともカフカが定義した膨張する帝国なのかはよくわかりません。後者だとすれば、尖閣も沖縄も小笠原も全部狙っているのかもしれません。

いずれにしても北京が中心になると北京からウォール街には利益が届かないことに

なります。だから、BRICsという新しい空間を作ってはみたものの、その中心が北京なので、世界の中心であるウォール街に富は吸い上げることができない。従って、アメリカの一〇年国債利回りも上がらない、というわけなのです。今後生まれる帝国が、世界帝国ではなく、地域帝国になるとすれば、世界のローマ、世界のウォール街という概念は成り立たなくなるということなのでしょう。

自国内でエネルギーや食糧が調達できるのなら、日本も本来は、地方の利益を東京に集め、集まった富を地方に還元するほうがいいのかもしれませんが、今のところそうした意思は見えません。むしろＴＰＰで農産物など今まで以上に輸入を増やそうとしている。これでは結局、環太平洋帝国においてあらゆる富がアメリカという中心に集まる流れは今後も続くということなのでしょう。

余談ですが、先ほどグローバリゼーションはヒト、モノ、カネが自由に移動することだ、と言いましたが、これはあくまで一般的にそう言われているという話で、学問の世界においてグローバリゼーションについては明確な定義はないということになっています。定義がないのはどうしてかというと、あまりにグローバリゼーションが多方面に影響するから。社会にも影響を与えます。政治にも経済にも影響を与える。それから芸術にも影響を与える、ということなので、そんな人間の活動に全部影響を与えるのがグローバリゼーションで、それをひと言でどうこう言えるような単純なものではありませんよ、ということをイギリスの政治学者デイヴィッド・ヘルドは言っています。

ややうがった見方をすれば、定義がないことにしておくことで、勝手にヒト、モノ、カネの自由な移動ですよ、と多くの人が信じてくれれば、それはそれでいいか、ということもあるのかもしれません。そうなれば、中心の人が強制しなくても、周辺の人が自らの意思で一生懸命中心に入ってくる。そのほうが、中心の人にとっては都合がいいのでしょう。

第7章

グローバリズムと富の集中

定まらないグローバリゼーションの定義

グローバリゼーションには明確な定義がありません。

それでも定義が必要だと考える人もいるようなので、改めてグローバリゼーションとは何かについて考えてみましょう。

参考にしたのが、マンフレッド・B・スティーガーの『グローバリゼーション』(櫻井公人ほか訳・岩波書店、二〇〇五年)です。この本で彼はグローバリゼーションに対する有力な五つの定義を紹介しています。

まずは、アンソニー・ギデンズ。何度も登場していますね。ロンドン大学経済政治学院の学長です。彼の定義は、「何マイルも離れた場所で起きた出来事によってローカルな出来事が形成され」て「世界規模の社会関係を強化」することです。基本的にグローバリゼーションは近代の強化であるという立場ですね。ヘドリー・ブルが、主権国家システムというのは相互依存と言っていましたが、だとするとここで言う「社会関係の強化」とは相互依存を強化していく、ということになると思います。

次はフレドリック・ジェイムソン。彼は「世界市場の地平と世界のコミュニケーションとが限りなく拡大したという感覚が反映されており、近代のより初期の段階に比べると、その両者がはるかに実体的で直接的な関わりをもつ」と定義しました。世界市場の地平というのは、これはアフリカのグローバリゼーションです。もう地平に到達したということでしょうか。世界のコミュニケーションとは、ITやSNSで直接的な関わり合いをもつことになるということでしょう。アフリカまで世界市場が広がっていけば、アフリカの人ともコミュニケーションをするチャンスが増えてくる。その結果、アフリカの生活が変わっていく、ということになります。

三番目はデイヴィッド・ヘルド。彼は『グローバル・トランスフォーメーションズ』（古城利明ほか訳・中央大学出版部、二〇〇六年）で、明確な定義はないと言いながら、定義をしています。「グローバリゼーションとは、社会関係と社会的取引の空間的編成における変容を生み出す一つの過程である」と。空間的編成における変容とは何かというと、「広がりであり、強さであり、速度であり、影響力によって評価される」もので、それが変わっていく「一連の過程」なのだそうです。そして、その過程が「大陸間ないし地域間に行動のフローとネットワーク、相互作用、そしてパワーの行使を生み出している」ということです。

四番目はローランド・ロバートソン。彼は人間の意識の主観的側面を重要視する人ですが、グローバリゼーションについては「世界の圧縮と、世界を一体としてとらえる意識の深まり」と定義しました。

最後にジェイムズ・ミッテルマンは、「社会関係の時間的および空間的な側面を圧縮する」と定義づけました。これはヘルドに近いですね。たしかにグローバリゼーションによって時間的な側面は圧縮されました。金融取引がミリ単位の取引になったことで、今までとはまったく違う取引形態になりました。それから空間的圧縮。これは地球という空間がより身近に感じられるということになります。

これら五つの定義をどう感じましたか。理解はできるのですが、いまひとつ具体性に欠けると思います。グローバリゼーションの本質みたいなものが、見えてこない。「中心と周辺を結びつけるイデオロギーだ」と言えば、グローバリゼーションの目的も明確になると思います。

グローバリゼーションの有する四つの特徴

グローバリゼーションの研究で知られるマンフレッド・B・スティーガーは、著作『グローバリゼーション』の中で、グローバリゼーションという言葉は「現在の社会的状況をグローバリティの一つへと変容させると考えられるような一連の社会的過程を指すものとして使用するべき」だとことわったうえで、「『グローバリゼーションが生じている』という言葉は、実は三つの重要な情報を含んでいる」とも述べています。

以下で、それらについて見ていきましょう。

つまり、「第一に、私たちは一六世紀以降徐々に進展してきた近代という状態からゆっくり離れつつあること」。「第二に、グローバリティの新たな（ポスト近代的な）状況に向けて移行しつつある」、「第三はまだそこまで到達していない」と。これは前に紹介したアンソニー・ギデンズと少し認識が違いますね。ギデンズはグローバル化がモダニティそのものだと表現しました。これは「常にグローバル化していくものだ」と解釈できるかもしれません。「より遠く、より速く」という近代の行動原理からすると、グローバリゼーションも「より遠く、より速く」を忠実に実践している行為である。だからグローバリゼーションというのはモダニティそのものである、となるわけです。それも納得できるのですが、問題は地球が有限だという事実はどうなるのか。グローバリゼーションがアフリカまで達した今、この先どうなるかという疑問に対して答えていません。

その問いに対しスティーガーはこう答えています。「近代という状況からゆっくり離れつつある」と。つまり、近代というのは無限の世界を前提にしていますから、アフリカのグローバリゼーションまでいって無限の状態でなくなれば、それは「近代という状況からゆっくり離れる」ことにほかならない。そして、実際いまはそうした局面に入っているととらえることができると思います。アフリカのグローバリゼーションの一歩手前までは、アンソニー・ギデンズの定義が成り立って、アフリカのグローバリゼーションに到達した段階ではスティーガーのほうが理解しやすいと思います。要するにグローバリゼーションというのは、いかようにも解釈できる。自分の都合のいいように解釈できる便利なモノということになります。

スティーガーはグローバリゼーションには「四つの明確な性質ないし特徴が存在する」と言います。

第一の性質は「創出と増殖」。具体的には「グローバリゼーションは新たな社会的ネットワークや社会的活動を創出」するともあります。まさにIT革命やSNSなどがそれに当たります。中央組織やピラミッド型の組織がないと言われるアルカイダもまさに新たな社会的ネットワークを創出したということかもしれません。

さらに「既存のそれらの増殖をともなっており、そのことによって伝統的な政治的、経済的、文化的、地理的な境界は次第に克服されつつある」と。この典型がイスラム国（ＩＳ）でしょう。政治的な境界線を無視して複数の国にまたがりながら一方的に国を作っている。一方、「既存のそれらの増殖」は旧来型のテロリストです。今までのテロリスト組織は統合と吸収を繰り返し、やがてイスラム国が拡大していくということでしょう。第一の「創出と増殖」は主権国家の基盤まで崩しています。

第二の性質は「拡大と伸張」。金融市場で言えば、東京市場はかつて日本の投資家だけが参加していましたが、二〇一五年の東証において外国人投資家の売買代金シェアは七割に達しました。電子取引が一般化したことで、東京とロンドン、ニューヨークを繋げれば二四時間どこからでも注文ができる。巨大ショッピング・モールに行けば世界中のモノが手に入るようになりました。たしかに世界のあらゆる地域の商品を購買力のある消費者に提供するようになりました。

第三の性質は、「強化と加速」。より相互依存が強まるということです。ＳＮＳが普及してより交流が強化されていく方向にあるのでしょう。「インターネットは離れた場所の情報を数秒で伝達し、衛星は遠くで起こっている出来事のリアルタイム画像を消費者に提供する」とも言っています。アンソニー・ギデンズが、ヨーロッパの旅行者がアフリカに行ったらまだヨーロッパで流通していない『氷の微笑』のビデオが広まっていた、と書いていました。そういうこともありえるということですね。

最後の第四の性質は「人間の意識」。先の三つの性質もそうですが、「客観的・物質的なレベルにおいてのみ生じているのではない」。むしろ意識の中にも影響を与えてくるということなのでしょう。たしかにそれは共感できますね。グローバリゼーションに乗り遅れるな、という。そういう意識も出てきていますね。

グローバリゼーションとはイデオロギーそのもの

グローバリゼーションのイメージはつかめたでしょうか。多少は具体的になったものの、まだ腑に落ちるとはいかないのではないでしょうか。それもそのはずで、この四つの性質は、前に紹介した五人の定義から抜き出したものだからです。要は、五人のいいとこ取りをしたために、余計に焦点がぼやけてしまった印象が否めません。

そこで、スティーガーは、独自のアプローチでグローバリゼーションをとらえている。それが「グローバリゼーションのイデオロギー的次元」による分析です。

それによると、彼は「あらゆる社会的過程がそうであるように」、グローバリゼーションも「イデオロギー的次元を含んでいる」と言っている。本来はキャピタリズムとかソーシャリズムのように「イズム」が付く言葉には主張や信念があるのに対し、グローバリゼーションという言葉には、元来プロセスなので無機質なはずなのですが、すでにイデオロギー的ニュアンスが潜んでいるということです。

では、グローバリゼーションとグローバリズムはどう違うのか。彼はこう説明しています。まず、グローバリゼーションとは「グローバルな相互依存を強化する社会的な諸過程」である。諸過程とはプロセスですね。それに対してグローバリズムは、「グローバリゼーションの概念に新自由主義的な価値と意味を与えるイデオロギー」だと言います。だとすれば、グローバリゼーションという言葉は、ほとんど新自由主義的な考え方に近いということになりますが、たしかにそうですね。市場が決める価格体系にはあらゆる情報が集まっているから正しい、というのが新自由主義の基本的な考え方なのに対し、グローバリゼーションというのは世界の市場を一つにしようとするもので、その過程で形成される価格は常に正しくないと困ることになります。

グローバリゼーションは中心への富の集中

グローバリゼーションという概念が学術論文として最初に登場したのは、一九八三年でした。一方、新自由主義は七〇年代にすでに登場していました。ハイエクとフリードマンという新自由主義の理論的支柱と言われる二人が、ノーベル経済学賞を取ったのも、それぞれ七四年と七六年。つまり、新自由主義という経済的イデオロギーと、グローバリゼーションという概念はほぼ同時期に誕生している。これも決して偶然とは言えないのではないでしょうか。

この点についてはスティーガーも同意見のようで、「グローバリズムは、一部の社会・政治思想家が『強力な言説』と呼ぶものにさえなっている。……というのも、グローバリズムを支える強力な社会的勢力は、何を重要な『現実』と考えるのかをあらかじめ選択しており、それに従って世界が組み立てられているから」と述べています。グローバリズムを推進する人、それは社会的勢力の強い人と言ってもいいと思いますが、彼らが何を重要な現実として組み立てようとしているのかについては具体的な記述はありません。具体的に書いてはいませんが、グローバリゼーションも中心と周辺を結びつけるイデオロギーだとするならば、「中心にいかに富を集めるか」である、と推測してかまわないでしょう。

日本でも、これからは労働の多様化が進むから、そうしたニーズに応えるためには労働の規制緩和が必要だと言って、派遣労働の拡大を認めました。当初はタイピストや通訳など需要が高く、労働形態を選べる職種が中心でしたから、当初の目的にも合っていたのですが、いつの間にか対象職種がどんどん拡大して、最後はファイリング業務まで派遣を認めるようになっている。結果としてリーマンショックが起きると大量の派遣社員が解雇されました。

つまり働く人のニーズではなく、会社のニーズに応じていつでも強制的に雇い止めができるようになったということです。これなどはグローバリゼーションと新自由主義の関係を示す非常にわかりやすい例と言えるでしょう。

露骨に言えば、グローバリゼーションとは、周辺から中心にお金が集まるようにする仕組みそのものと言い換えることもできます。

「すべての道はローマに通ずる」と同様に金融の自由化の過程で「すべてのお金はウォール街に集まる」ようになりました。そして、グローバリゼーションというイデオロギーで世界から集めたお金を、自分たちにとってもっとも利益になる場所に投資する。一番わかりやすいのは「BRICs レポート」でしょう。これはゴールドマンサックスが作成したもので、ここには二一世紀は「BRICs の時代だ」と書かれていました。それを読んだ世界中の投資家は、そうかここが成長するのかと、BRICs に投資した。

しかし、アメリカは BRICs レポートが出るはるか以前に四カ国に対して投資していたはず。おそらく、世界からの投資が集まったときには勝ち逃げしていたのではないでしょうか。BRICsが有望だと言われながら、なかなか投資が回収できないのは、そういう仕掛けがあるからです。

グローバリズムの中核思想

だからこそ、「影響力のあるグローバリズム唱導派の発言、記事の中にきわめて規範的に見出される五つの主要なイデオロギー的主張」があるとスティーガーは言っています。

では五つの主張とは何か。

第一の主張はアメリカの国務次官の発言。「グローバリゼーションは、市場の自由化およびグローバルな統合に貢献する」。これに対しスティーガーは「新自由主義者たちにとって、主張一のような定義は、将来のグローバル秩序にとっての枠組みとして役立つ、自己調整的市場という考え方を拠りどころとしている」と言っています。

つまり、新自由主義者の人たちは新しいグローバルな秩序を作ろうとしている、ということでしょう。

たとえば会計原則で言えば、日本は簿価会計だったのが時価会計にさせられました。市場が一つだから、会計制度を共通尺度にしないと投資判断ができないと言われたためですが、投資判断できなくてもかまいませんよ、ということもできたはず。どうしても投資したいなら、一生懸命、簿価会計を調べて投資すればいいだけなのですが、それを言えないのが日本とアメリカの関係なのです。要は、グローバル秩序にとって会計基準を統一するというのは非常に大事だ、ということだと思います。

余談ですが、リーマンショックのあと、アメリカも簿価会計に戻しました。結局は中心のご都合主義でルールが変わってしまう。それがグローバリゼーションなのです。二番目の主張は、『グローバリゼーション』で書かれた「不可避的で、非可逆的である」との言葉です。クリントン大統領自身の言葉ですが、要するにもう後戻りできませんよ、ということです。でも人間がやることで、人間が止められないことはありません。グローバリゼーションが台風や地震のような自然現象ならともかく、人間が作った仕組みですから、ブレーキをかけようと思えばかけられるはずなのですが、米大統領はそうは言わなかったのでしょう。

逆に言えば、グローバリゼーションというのはある種の自然な力であると言っているかもしれません。だから、「生き残って成功したいのであれば市場の規律＝訓練に順応しなければならない、と人々を説き伏せやすくする」。あるネット通販会社は社内の公用語を英語にしていましたが、あの会社の経営者はグローバリゼーションが不可避的で非可逆的、脱政治化だと思っていらっしゃるのでしょう（笑）。

第三の主張は、有名な経済学者ポール・クルーグマンです。

「グローバリゼーションを統括している者はいない。誰のせいでもない」

まさにウォール街の回し者じゃないかと疑いたくなる発言です。明らかにグローバリゼーションを推奨している人がこうした発言をするのは、本音を表に出してはいけないということなのでしょう。「人々がグローバリゼーションを統括しているのではなくて、市場とテクノロジーが統括している」とも言っています。テクノロジーだって統括しているのは人間ですし、ミリ単位の証券取引で儲けているのも人間。市場だって結局需給で決まるわけですから、需要と供給というのも人間が作っているものだし、市場という無機質な市場があるわけではない。クルーグマンほどの人がなんでこんなことを言うのか、理解に苦しみますね。

クルーグマン以上に驚くのが、主張四のアラン・グリーンスパン。アメリカ連邦準備制度理事会（ＦＲＢ）議長の発言です。

「グローバリゼーションは誰にとっても利益がある」

「多少の問題があろうとも、グローバル金融の並外れた変化が世界の経済構造と生活水準を格段に進歩させる」

ほとんどもう気絶しそうです（笑）。彼のような人が市場の神様だと言われて一九八七年から二〇〇六年までの約二〇年間、アメリカFRB議長の座にありました。まさに金融資本市場のグローバリゼーションの推進者でした。この発言は二〇〇五年だから言えたのでしょうが、今は恥ずかしくて言えないです。たぶん俺はそんなこと言った覚えはないと言うのではないでしょうか。

ただ、この主張こそ「グローバリズムのまさに中核」だとスティーガーは指摘します。「グローバリゼーションは『善い』もの、あるいは『悪い』ものと考えられるというべきかという重大な規範的問題に対して肯定的な答えを与えるから」です。誰でも利益があるから、そう言われるとこれは悪いものとは言えませんからね。

最後の五番目の主張は、『歴史の終わり』（渡部昇一訳・三笠書房、一九九二年）で知られるフランシス・フクヤマ。彼もすごいことを言っています。

「グローバリゼーションは世界に民主主義をいっそう広める」

北アフリカで独裁政権を倒したら、それ以前より混乱している現実をどう説明するのでしょうか。エジプトもアラブの春で民主化しましたが、次に出てきたのはもっと酷い。ムバラク大統領の時代のほうがよほど秩序は保たれていた、という意見は少なくありません。民主主義を広めるどころか、いっそう混乱を引き起こしているわけです。

強制力で秩序を維持するフセイン政権は民主主義的ではないといって排除して、今何が起きているかというと、イスラム国というフセイン以上の化け物が出てきている。スティーガーもフクヤマに対して「薄弱な民主主義概念だ」と批判しています。まったく同感ですし、今となってはフクヤマも反論できないでしょう。

内政にまで干渉するのが帝国

以前の章では、帝国には「強力な中心」と「弱い周辺」があり、両者を結びつける「イデオロギー的な諸力・諸装置」という三要素が必要であるとお話ししました。では、そうした要素を持つ「帝国」とはどう考えればいいのか。

この疑問について、山本有造先生の『帝国の研究』(名古屋大学出版会、二〇〇三年)を元に考えてみたいと思います。

帝国というと、よく古代ローマ帝国とかスペイン世界帝国を思い浮かべる人が多いでしょう。常識的な見方では、三十年戦争の講和条約として一六四八年に締結されたウェストファリア条約以降は、基本的に帝国は存在しません。オーストリア・ハンガリー帝国や中国の清は二〇世紀初頭まで存在しましたが、こうした例外も第一次大戦によってすべての帝国は消滅したと考えていいでしょう。

帝国の定義ですが、『帝国の研究』の第一部第一章「『帝国』とは何か」によると帝国は二つのアプローチで考える必要があるそうです。

一つは「古代帝国以来の多民族広域支配の『帝政国家』をイメージ」。これは「近代『国民国家』形成以前」ということになります。

それからもう一つは「『帝国主義的』国家をもって帝国を定義する」という考え方。これは「ホブスン＝レーニン・タイプの経済学的アプローチ」とも言われる方法で、これに従えばソビエトも帝国ですし、アメリカも帝国。一九世紀のイギリスも帝国ということになります。

ただ、先の二つは「『帝国』の存在をある特定の歴史的段階と結びつける」もので、それは伝統的な考え方だけど、いつの時代でも適用できる概念ではありません。そうではなくて「人間の歴史に通時的に適用しうる『帝国』の概念あるいは『帝国性』の特質を考えようとする傾向を強めている」ことが大切だと。

たしかに近年の帝国論はどの時代にも適用できるような帝国の概念、それを帝国と呼びましょう、ということです。

「その背景には、アメリカ『帝国主義』の盛衰やソ連型『社会主義帝国』の興亡を前に、第二次大戦後の帝国離れからもう一度回帰して、『帝国性』を広く人類史のコンテクストにおいて再考しよう」としています。第一次大戦後は帝国離れしたと思われていたけれど、またソビエト社会主義帝国やアメリカ帝国主義が出てきた。だから、いつの時代でも帝国として認識できるものは何か、ということを考えなければいけない、となるわけです。

こうした考え方の代表者が、マイケル・ドイルの帝国論で、帝国に関するさまざまな本を読んでも、マイケル・ドイルの帝国論が引用されています。

ところが、残念ながらマイケル・ドイルが書いた帝国論の決定版である『エンパイアーズ』という本は一九八六年に出版されているにもかかわらず、いまだに日本語の翻訳が出ていません。実は、今も帝国が続いていて、しかも日本は中心ではないということを知られると困る人に配慮しているとしか思えません（笑）。

山本有造によるとドイルはそのことも指摘しています。

「帝国とは、ある政治社会によって他の政治社会の実効的主権上に加えられた政治的支配の関係」（『帝国の研究』、二〇〇三年、5ページ）である。

「ある政治社会」、つまり「アメリカ」によって「他の政治社会」＝「日本」の実効的主権の上に加えられた「政治的支配」が、帝国なのです。

なぜ小泉総理大臣のときに郵政民営化をはじめとする多くの規制改革がほぼ同時に行われたのか。これを読むと非常によくわかりますね。

ドイルによれば、帝国とは「二つの政治体のあいだに結ばれた支配―被支配の関係あるいは関係のシステム」である。「具体的には、ペリフェリーの実効的主権に加えられたメトロポールの強力な支配」関係にある。この関係を図式化したのが図【7－1】です。これを見れば一目瞭然だと思いますが、「権力行使の範囲」において、「対外政策および対内政策」までに影響を与えるのが帝国。それに対し対外政策だけに影響を与えるのは覇権国です。近代システムの中で覇権国と呼ばれるのはオランダが最初で、次がイギリス、次がアメリカ。この三カ国しかありません。

スペインは覇権国ではなく、帝国ですから、図では左側の一番上に入る。スペイン帝国に属すと、外交政策も内政も実効的支配を受けることになりました。一方、図の縦軸は「権力行使の負荷」を示しています。「強い」か「完全に拒否権がない」のが「支配」。次に「拘束」は不平等な影響ですから、多少は拒否権があるけれどほとんど拒否できないという状況。一番下が「平等な影響」で、この場合は対等ですから「相互依存」。つまり、建前上は二〇〇カ国がすべて対等ですよ、というのが、国民国家の建て前のルールです。だから相互依存で、お互いに影響し合うということになります。

この分類で九〇年代以降の日本を考えてみましょう。

外交政策から言えば、湾岸戦争のときがそうであったように、あくまでアメリカが影響を与えたのは外交政策に限定されています。

しかし、二一世紀に入った現在はかなり様相が変わりました。TPPを考えてみてください。簡易保険を自由化しろというし、牛肉の検査もアメリカと同じやり方にしろというわけです。これはまさに帝国支配の中に入るということにほかなりません。

軽自動車も税制面での恩恵を受けている、これは平等ではない、けしからんということらしい。だったらアメリカも軽自動車を作って日本に輸出すればいいはずなのに、それをせずに日本の軽自動車を目の敵《かたき》にする。TPPに参加するということは、すべて帝国支配の中に入る、ということだと覚悟したほうがいいかもしれません。

図【7－1】

国際間における権力行使の諸形態

権力行使の負荷（weight）	権力行使の範囲（scope）対外＋対内政策	対外政策
支配	帝国（公式＋非公式）	覇権
拘束（不平等な影響）	従属国	影響権
平等な影響	相互依存	独立

（出典）Doyle[1986]Table

①第１のディメンジョン……ヘゲモニック・パワーあるいはヘゲモンというのは、帝国的メトロポールとは違って、相手国の対外政策のすべてあるいはほとんどを支配するが、対内政についてはほとんどあるいはまったく干渉しない。
②第２のディメンジョン……一般的な従属国（dependent state）と帝国支配下の従属的周辺地域（subordinate periphery）の違いは、この束縛と支配という強度の違いに起因する。
③ ドイルのいう帝国的関係……その関係は公式に併合された領土内に限定されたものではないことが強調されている。
（出典）『帝国の研究』

ユーロ帝国のイデオロギーとは

明らかにユーロというのは今までの帝国とは違う帝国だということもわかります。「『帝国』の領土の辺縁はつねに曖昧にぼやけており、広がろうとする力」を持っている存在ですが、ユーロにそうした特徴はありません。加盟国が増えたことを拡大と見ることもできるかもしれませんが、近い将来、東側のどこかに国境線を引くことになるでしょう。しかし、だからといってユーロが帝国ではないかというと、それもちがう。前に紹介した中心と周辺があって、まぁイデオロギーがあるという、帝国の三つの定義をすべて備えています。

では、ユーロにとってイデオロギーとは何かといえば、おそらく「ヨーロッパはもともと一つだ」というフランク王国のカール大帝以来の理念だと思います。カール大帝とは、イタリアとフランスとドイツの領土を全部一つに統一した人物です。実は、ヨーロッパという言葉が意識されるようになったのも、カール大帝が領土を統一した八〇〇年頃です。

もちろん単語自体はギリシャ時代にも存在したのですが、古代ローマの時代は誰もヨーロッパという言葉を使っていなかった。それを一つにするというイデオロギーでまとめようというのが、ユーロ帝国ということなのでしょう。しかも、ユーロは「世界帝国」ではなく「地域帝国」です。そして、アメリカのように「バーチャル帝国」ではなく「領土帝国」という点に特徴があります。

第8章

成長なき社会で

プラザ合意と日本の内需拡大

本章では、現代の社会における米国や中国などが帝国なのかそれとも覇権国か、または、どちらでもないのか、つまり、権力行使の範囲が内政に及ぶか、あるいは外交政策だけなのかについてお話ししていきたいと思います。

レーガン大統領のとき、為替は二四〇円から二六〇円でした。当時のアメリカは「強いドル政策」をとっていたためですが、あまりにもドルが高すぎたために輸出が伸びない。その結果として双子の赤字に苦しむことになりました。双子の一つが経常赤字、あるいは貿易赤字で、もう一方が財政赤字です。

財政赤字は、レーガン大統領時代にソビエトを悪の帝国と名指しして軍拡競争をやったために国防費が増大したことが原因です。それにしても、今思えば一つの国の大統領がライバル国を「悪の帝国」と公式に呼ぶわけですから、すごいですね。

いずれにしても、財政赤字を放置し過ぎたために政権交代が起こり、一九八一年にレーガンが大統領に就任したわけですが、このままではドルが急落するのではないかと言われるようになりました。八四年前後のことです。それで慌ててやったのが、

「一九八五年のプラザ合意」。本来、ドルを強くしたいならアメリカが利上げすればいいのですが、それでは国内景気が悪くなってしまう。それが嫌なので、利上げはしたくない。財政赤字も本来なら増税すれば解決できるのですが、レーガン大統領は減税を公約に大統領になったためにできない。

そこで八五年九月にG5を招集して、日本とドイツに内需拡大しろと迫った。「プラザ合意」によってそれまで一ドル二四〇円だった円が急騰します。予定では一八〇円程度にソフトランディングさせるはずだったのに、一気に一二〇円まで円高になりました。

日本とドイツが内需拡大すれば、アメリカの輸出が増えるため、赤字が改善するだろうと考えたわけです。ボーイングのジェット旅客機やアメリカの自動車を半強制的に日本は買わされました。仕方なくトヨタは自前のディーラーでGM車を売ったのですが、全然売れませんでした。日本人がアメ車を買わないのはアメリカ製の車自体に魅力がないということを、彼らはまったく理解していないようです。

いずれにしても内需拡大策を取ることで、日本はここからバブルに突き進んでいくことになりました。内需拡大策のために日本の金利を下げましたし、財政出動も増やしていきました。この象徴が、一九八七年に制定された「リゾート法」でした。正式には「総合保養地域整備法」と言いますが、リゾート産業の振興と国民経済の均衡的発展を促進するため、多様な余暇活動が楽しめる場を民間事業者の活用に重点をおいて総合的に整備することをめざすというものです。宮崎のシーガイアや北海道のトマムの開発が典型ですが、他にも支笏洞爺国立公園の戦艦みたいなホテルなどの建造物が、全国に建ちました。まさにバブル経済まっしぐらという感じです。

ただ、プラザ合意では為替を一ドル一八〇円にソフトランディングさせようと思っていたのですが、円高ドル安がなかなか止まらない。このまま放っておくと一五〇円になる恐れがあるということで、今度はドル下落を阻止しようと、ようやくアメリカは利上げをしました。これが「ルーブル合意」で、レーガン政権の末期の八七年二月のことです。同時に日本はさらにもう一段の利下げをさせられました。

一方でドイツも内需拡大のために利下げをしていましたが、インフレ懸念が生じたため、同じ八七年九月に利上げをした。アメリカは、利上げなどするなと圧力をかけましたが、ドイツはその圧力を最後まで跳ね返しました。おそらく、このときの判断がその後のドイツの運命を変えた分岐点と言えます。ドイツも日本同様に超低金利政策を続けていたら、バブルになっていた可能性が高い。当然、その後はバブル崩壊で国内経済の立て直しで苦労したでしょうから、東ドイツを併合したり、ユーロを作ったりというときも、主導権を握れなかったのではないでしょうか。

それに対し日本は、アメリカに従って超低金利政策を継続し、バブル景気に浮かれていたのです。しかし、そんな浮かれた気分に冷や水を浴びせる事件が起きました。ドイツの利上げから一カ月後の八七年一〇月、アメリカで突然、株価が暴落するのです。当時のダウ指数は五〇八ドル下がりました。率で言えば二二％です。いわゆるブラックマンデーです。一九二九年一〇月二四日にウォール街で起きた暗黒の木曜日（ブラックサーズデー）の下落率一二・八％に大きな差をつけて下げたのです。

バブル化した経済を懸念した日銀は、八九年一二月に利上げを決定、そのことを政府へ事前報告したものの、当時の橋本龍太郎大蔵大臣に拒否されて、白紙撤回させられています。九〇年代になってから当時の経済企画庁関係者が言っていましたが、「内需拡大はアメリカからの要望であり、政府としても最上位の国策と掲げていただけに、インフレ抑制などあり得なかった」ようですが、結果としてバブル崩壊になるわけです。

八九年一二月末の大納会の日、年内最後の取引で日経平均は三万八九一五円で引けました。多くの人は年明けには四万円になると思ったのですが、ここを天井にして、翌年の一月四日の大発会から株価は一貫して下がり続けます。「失われた二〇年」の始まりです。

国際社会での主導権もまったくなくなりました。政策を小出しし、決断もできないと、世界中から非難囂々《ごうごう》です。ただ、当時日本をさんざん批判した経済学者のポール・クルーグマンも、今になって間違っていたと言い出しました。リーマンショック後のアメリカを見て、あのとき思い切った政策をとったとしても結果は変わらなかったことがわかったからです。

ルーブル合意へのドイツ対応がEUを生んだ

ベルリンの壁が崩壊したことで、米ソ冷戦は終焉しましたが、その数年前の段階でソビエト連邦が崩壊すると予測していた人が三人いました。

一人はアメリカの大統領補佐官だったブレジンスキー、それからフランシス・フクヤマ。のちに、「グローバリゼーションは中産階級を強固にする」と大間違いをする人ですが、ソビエト連邦の崩壊については言い当てています。当時彼は国務省の要職にいましたから、内部情報を持っていたのでしょう。

最後の一人はフランスの歴史学・家族人類学者のエマニュエル・トッドです。彼はソビエトの乳幼児の死亡率が著しく高いことに気付き、そこからいずれソビエトは崩壊すると予想しました。

当然、ドイツ政権も、ベルリンの壁が崩壊すればソビエト連邦も持たなくなることはわかっていたでしょう。そこでベルリンの壁崩壊からわずか一年後の九〇年一〇月には、ソビエトと交渉して東ドイツを併合することを決断します。

当時西ドイツマルク一に対して、東ドイツマルク一〇の価値だと言われていましたが、実際には一対一で交換することにしました。つまり、西ドイツは一〇倍の高値で東ドイツを買ったわけです。これもドイツがもしバブル崩壊して経済が低迷していたらこれほどのお金は出せないので、東ドイツを併合することはできなかったかもしれません。ソビエトも自身が火の車でしたから、東ドイツを本来価値の一〇倍の値段で買うからよろしくと言われれば、拒否できません。

同時にフランスとも交渉していましたが、こちらにはマルクを捨てる、つまりマルクを統一通貨にはしないことを約束しました。フランスも、マルクを統一通貨にしたらとても欧州統一には合意できないでしょうが、新しい通貨ならいいでしょう、ということで合意を出しました。そして、東西ドイツ合併から三カ月後の九二年二月七日には「マーストリヒト条約」が調印され、統一通貨ユーロの誕生が決定するのです。

帝国と覇権という意味で言えば、ドイツは八七年九月の利上げに踏み切った段階でアメリカの要求を蹴ってアメリカ帝国には入りませんという意思表明をしました。NATOに加盟しているものの、いずれユーロ合衆国ができた段階でユーロ軍が誕生することになるでしょう。そうなれば、アメリカとユーロの関係において、アメリカがEUとの関係で帝国ではなくなることを意味します。その意味でもルーブル合意後におけるドイツの行動は、今のユーロを作る分岐点ということができるでしょう。

ただ、さすがにドイツもそれからの一〇年間は経済が停滞しました。調子がよくなるのは二一世紀に入ってからです。しかし、その苦しみも東ドイツという土地と人口を手に入れたわけで、民族統一できたことと引き替えだと思えば、必ずしも高い買い物とは言えません。この事実から言えることは、ユーロが政治同盟だということです。経済問題で分裂することはないと思います。少なくとも、日本はバブルが崩壊してすべて失ったことを考えれば、間違いなく賢い選択をしたと言えるでしょう。

チャンスは一瞬で一度きり

もしも、には何の意味もないことはわかっていますが、日本も八七年にドイツとともに利上げをしていれば、バブルがあそこまで膨らむこともないし、失われた二〇年もひょっとしたらなかったかもしれないと思うと、かなり残念です。

なにしろ八七年はソウルオリンピックの前年で、韓国は全斗煥《チョンドゥファン》により軍事政権がようやく終わり民主政権に移行したばかり。サムスンやヒュンダイも今のような勢いはありませんでした。中国に至っては一九九二年一月から二月にかけて鄧小平が行った南巡講和によって資本主義が導入されはじめるわけで、その五年も前です。

中国も韓国もまだまだお金が必要でした。あのタイミングなら、のちに鳩山由紀夫総理が標榜した「東アジア共同体」を作り、日本がそのリーダーになれた可能性もあったのではないでしょうか。さらに言えば、ロシアも九一年一二月にエリツィンが登場して大混乱に陥りますから、北方領土も一〇倍の高値で買うとエリツィンに交渉すれば解決していた可能性もある。重ね重ね惜しいことをしました。

ただ、八九年に橋本大蔵大臣が、日銀による利上げ決定を白紙撤回させたことは、アメリカからすれば、日本がアメリカという帝国の中に入ります、というサインですから、東アジア共同体などとんでもない、ということだったでしょう。その後の民主党政権時代に鳩山総理が普天間基地の移設で失脚したのも当然です。帝国の中に完全に組み込まれているのに、県外などと言ったって、認められるはずがありません。

八五年のプラザ合意から九一年のソビエト連邦崩壊までの六年のあいだにユーロという帝国が誕生する素地があり、一方で日本とアメリカの関係はより強固になっていったということでは、非常に重要な時期と言えます。

日本では特にこの間に中曽根康弘が総理大臣に就いていますが、彼は「日本列島不沈空母」という発言でも知られるように、日米同盟を重視した人物です。日米同盟と言っても、決して対等ではなく、アメリカ帝国の中の日本なのですが、日本はその道を選択したことは事実ですから仕方ありません。おそらく、ソビエトが解体するような大転換が起きない限り、日本がリーダーの立場に立てるチャンスはないでしょう。逆に言えば、相手のどさくさに紛れて国益を追求することに成功したドイツは、上手にやったということです。

もちろん、ソビエト連邦の解体のような出来事は、一〇〇年とか二〇〇年に一度あるかないかですが、ひょっとしたら隣の国が崩壊するということはないとは言えません。それに備えてもう一度、日本はこれからどうするか、国のビジョンを練り直さないといけないということでしょう。ここでうまく立ち回れなければ、それこそこれから数世紀にわたって歴史の渦に飲み込まれて沈む危険性もあるわけですが、そんなことを考えている政治家がほとんど見当たらないのは心配です。

超低金利が示すもの　金利は利潤そのものである

今日の二番目のテーマに移ります。日本の利潤率がなぜ、これほど低いのか、という問題です。

結論から先にお話しすると、資本が「過剰」だからです。利潤率とは最終利益を投下資本で割って求めます。分子の最終利益は小さいどころか、上場企業は過去最高益を更新中です。にもかかわらず日本の利潤率が低いのは、一つには「中心」である上場企業に利益が集中するようになっていること、もう一つは分母の投下資本が巨大だからです。

今、日本の一〇年国債の利回りは一・〇%を下回り、二〇一六年二月九日にはマイナスとなりました。それはまさにリスクを投資家が引き受けられないということ。つまり、こんな低い利潤では液晶のパネル工場など、怖くて作れないということです。

金利が低いから投資家はお金を借りやすい。つまり、投資がしやすいと考えがちですが、それは正しくありません。なぜなら、国債の利回りというのは、資本の利潤率と連動しているからです。この場合、国債利回りがマイナスというのは、正確に言うと国内に投資する場合の資本の利潤率が著しく低いということです。　小売業などはほとんどを国内に投資する内需型企業の利潤率を反映しています。

国債利回り、預金金利、社債利回り、貸出金利は連動しています。このうち、社債利回りと貸出金利は、企業から見れば投資をするときのコストになります。国債利回りが基準となって、投資のコストが決まり、そして投資の利潤率が決まってきます。国債利回りと利潤率は連動しているのです。

ドイツも二〇一六年四月以降、一〇年国債利回りは、〇・〇七％前後まで推移しています。日本とドイツはほとんど変わらないという状況ですが、リカードの説明に従えば、先進国の利潤率はいずれもゼロの世界になるでしょう。日本はすでにゼロ％になっているわけですが、リカードの説を辿れば、日本がゼロ成長、ゼロ金利になっているかも理解できるはずです。

リカードはまず「資本家」「労働者」「地主」という経済活動の行為者、これを「三大集団」と言いますが、彼らの相対的所得のシェアの変化に注目しました。まず、資本家が放出（提供）するのが利潤、労働者は賃金、地主は地代です。

賃金は通常、賃金率で表します。賃金率とは、資本家が労働者に支払った賃金総額を労働者の数で割った値です。それから労働者が生存維持可能な賃金を「自然賃金」

と呼びます。今で言う実質賃金はインフレ調整後の金額ですが、当時で言えば、三食きちんと食べて、通勤着が買える金額という意味です。つまり水膨れした貨幣賃金ではなく、ある財と比較してそれが確実に購入できる、ということです。

この生存可能な賃金、つまり自然賃金よりもたくさんの実質賃金をもらえれば人口が増えます。生活に余裕ができるため、もう一人子どもを増やしても学校に行かせることはできると考える人が増えるからです。もちろん、逆は逆で、実質賃金よりも実際に受け取る賃金が少なければ人口は増えません。

そして、人口が増加して資本の蓄積が進むと何が起きるかというと、好条件で投資できるチャンスが減少していきます。これが、「収穫逓減の法則」です。リカードは一七七二年生まれで、没年は一八二三年ですから産業革命がはじまったばかりで、本格的に工業化してはいません。

この法則は主に農業を想定していますし、農業のほうがわかりやすいので、まずは農業で説明しましょう。こういうことです。農業を始めるとき、最初は肥沃度の高い土地から耕します。次にさらにもっと収穫量を増やしたいと思うと、前よりも条件の悪い土地しか残っていません。山の斜面や陽当たりの悪い土地になってしまう。このため、同じ面積当たりの収穫量は減ってしまうわけです。

それに対し、工業製品の場合は必ずしもそうはなりません。工場の面積を二倍にして、ラインの数を二倍にして、働く人を二倍にすれば、生産量はそれまでの二倍になります。ただし、これもある段階までなのですが、そこまでは収穫一定の法則が前提で考えていいでしょう。

また、リカードは「経済成長のもっとも重要な原動力は資本蓄積」だとも言っています。有名な「セイの法則」（供給はそれ自身の需要を作り出す）を言い換えたものです。資本を増やすことが供給力を高め、供給されたモノ（生産）は必ず所得（購買力）になります。資本蓄積（＝投資）が成長の原動力だというのは、投資が新たな投資を呼んで拡大再生産となるからです。

この場合の発展とは経済成長です。資本蓄積とは何かというと、現在の資本ストックは、一年前の資本ストックに今年新たに加えた投資の合計と考えればいいでしょう。厳密に言えば、古くなった設備などは廃棄しますが、これは全体の二、三％程度ですから、無視しても変わりません。

ゼロ成長はいけないことなのか

さて、資本蓄積は、ひと言で言えば、新設された設備投資のことですが、これは貯蓄率と深く関係します。貯蓄率とは、貯蓄額を国民所得で割った値です。経済全体で見れば、事後的に必ず貯蓄＝投資となるので、資本蓄積は貯蓄率次第となります。六〇年代の高度成長期、日本の貯蓄率は一〇％台でした。ところが二一世紀に入って家計貯蓄率は低下し、二〇一四年度はわずか〇・一％です（二〇一三年度は戦後初めてのマイナス三・六％）。

貯蓄をできなくなるほど生活に困っているという意見もありますが、貯蓄をしなくてもよくなったということもできます。個人個人のレベルで見れば前者のケースもあるのでしょうがマクロ的に見れば、後者のほうが適切だと思います。どういうことかというと、日本はこれ以上経済成長しなくてもいい状況になったと言えるからです。過去に蓄積されたストックがものすごく大きいからです。

実際、日本は過去の資本蓄積が世界一です。一単位のＧＤＰを生み出すために保有している資本ストックが世界一ということです。世界第二位はドイツですが、日本とドイツの金利が低いのは、これ以上資本蓄積をしなくてもいいくらい資本ストックが豊富に存在するということなのです。

だとすれば、これはいいことなのではないでしょうか。

ジョン・スチュアート・ミルは「反成長理論」で、定常状態は困ったことではなく、むしろ望ましいことだという立場です。

あらゆるものがすでに存在していることが前提ですが、たとえば日本の場合、新幹線もあるし高速道路も整っている。自宅から数百メートル歩けばコンビニがあるから、冷蔵庫代わりに使うこともできる。コンビニが徒歩圏内にある国は世界を探しても日本だけでしょう。こういう状態を作ってしまったら、あとは新たに作るのではなくて維持するのが一番いいというわけです。

ただ、日本の場合は相当過剰になっている気もします。空き家は二〇一三年の時点で一三・五%にも達し(総務省調べ)、七軒に一軒が空き家です。野村総研の試算では二〇四〇年に空き家率は三〇~四〇%になるそうです。一九六三年に二・五%だった空き家率は高度成長期にも上昇し続けています。住宅の過剰は人口減で需要が低迷しているからではありません。元来、資本は「過剰・飽満・過多」に増え続けるものなのです。

食品ロス問題も「過剰・飽満・過多」の典型例です。本来まだ食べられるのに捨てている食品は、年間五〇〇万~八〇〇万トンと試算されています(農林水産省調べ)。国内および海外から調達された農水産物のうち、食用とされる約八四〇〇万トンの一割近くに相当します（二〇一〇年のデータ）。その一方で、世界の栄養不足人口は八・四億人。世界人口の八人に一人の割合で栄養不足状態に陥っているのです。さすがにこれはもったいないですよね。

資本主義システムとは、必要なところに必要なモノやサービスが届くわけではありません。儲かるところにしかモノやサービスは提供されないのです。

生産拡大は貯蓄の増加が前提

では、生産を増加させる原動力は何でしょうか。まず、生産力は技術進歩と資本ストック、そして人口（労働力）によって決まります。一方、貯蓄は可処分所得から消費支出を差し引いたものですから、貯蓄を殖やすためには所得をアップさせる必要がある。所得が増えれば、生活に余裕ができて、人口も増加します。

つまり、生産力を増加させる原動力というのは、貯蓄と投資ということになります。ところが、今の日本はどうなっているかというと、貯蓄はほとんどゼロですし、企業設備は対GDP比で見て、二〇一五年は一三％台で九一年の一八％から回復していません。これはすなわち、生産力を増加させる原動力がもうないということになります。

今の日本もドイツも、国内での分配についてはさまざまな問題がありますが、国全体で考えれば、豊かです。少なくとも多くの新興国に比べれば、全盛をきわめていると言えるでしょう。フランスまでわざわざ行かなくたって、東京には本国のフランスよりもおいしいのではないかと言われるレストランがあります。イタリアンや中華も同じです。世界からいろんなものが集まってくるし、日本にないものはない状況です。

ただし、資本家はこれでは困ります。「利潤なしには生活できない」からです。今はゼロ金利ではあるが、資本を「過剰」に保有しているので、その一部を取り戻せばいいではないか、という気もしますが、そういうわけにはいかないのです。資本家が資本主義を否定すれば自己の存在意義がなくなってしまうからです。彼らは何を考えたかというと、「電子・金融空間」を作って、超高速の取引を繰り返すことで生活しているわけです。これが今の資本家の姿です。

一方で、「比較優位説」という考え方があります。外国との貿易をやると生産がもっと増えますよ、という考え方です。ポルトガルのワインとイギリスの毛織物を交換するとお互いにプラスです、というのがよくたとえとして使われます。ただし、貿易をしても最終的にリカードは定常状態になる、つまり成長率はゼロになると言っています。

なぜゼロ成長になってしまうのか、その経緯を見ていきましょう。

まず、初期状態においてリカードの設定では、実質賃金は生存維持に必要な水準より高いということになっています。日本の一人当たりの平均給与は二〇一四年で四一五万円（国税庁による）ですので、三〇〇万円ほどあれば生存維持はできる、というわけです。

ここからスタートして、資本が蓄積していくと、労働の追加雇用が発生する。それはそうですね。資本蓄積がなされている限り、生産が増やされますから、無人工場でない限りは、雇用が増えていくことになります。すると、賃金率が上がっていきます。最初の段階で利潤率が高いのは、収穫逓減の法則が機能する前段階だからです。まだ肥沃な土地がいっぱいあるために利潤率が高いので、資本が人口の増加率よりも速く増えていくわけです。ピケティによると、この状態がずっと続いているみたいです。

しかし、農産物においては、収穫逓減が働き始めます。陽当たりのいい場所は耕してしまって、残っているのは条件が悪い土地になるからです。一方で、人口は増加して雇用が増えるので、賃金は上げていかなければなりません。これまで一〇〇人雇っていた会社で新たに一〇人余計に雇おうとする場合、賃金を上げないと人が集まらないからです。

しかも人口が増えていることで必要な食糧は増えるのに、収穫は逓減ですから、食糧価格は高騰してしまう。日当たりの悪いところに住んでいる人はあんまり食べないように、ということはできませんから、生産量に限りがある以上、食糧価格を上げて対処するしかないわけです。

ただし、賃金率が上昇するということは、利潤率は相対的に低下することになってしまいます。しかも、多く生産するために土地が足りなくなりますから、地代は上昇する。しかも、「肥沃度の劣る土地で資源が利用されると、優等地の地代はさらに上昇する」というわけです。陽当たりのいい場所の地代はさらに上がっていくことになるでしょう。結局、利潤が圧迫を受けることになるのです。

これは経営者にとっては弱り目に祟り目です。そこで、彼らが考えるのが「技術進歩と海外の新しい土地の開拓は、しばらくのあいだは利潤率の低下（圧力）を緩和する」。

わかりやすいのが、化学肥料の使用や、二毛作を三毛作にするといった技術の進歩で乗り切ろうとすることです。

それから海外の新しい土地を開拓する、ということもここに含まれます。典型的なのが、イギリスにとっての東インド会社ですね。イギリスが東インドの土地を使って綿花を栽培することで、一時的に利潤率の低下圧力を緩和できるということです。

金利ゼロ%とは市場が成長しない証拠

利潤率の低下を回避するための海外への進出が、覇権国や帝国という仕組みが生まれる背景にもなりました。

歴史を振り返っても、利潤率の低下が始まるタイミングと、覇権国や帝国の衰勢が常に一致していることがわかります。

スペイン継承戦争は一七〇一年に始まりますが、イギリスの勝利によってスペインが持っていた北米の土地をイギリスが支配下に収めると、新しい土地を手に入れたことからイギリスの利潤率が上がっていくのです。ところが、オランダは新しい土地を手に入れられなかったために収穫逓減がずっと働いていくことになりました。そのあとイギリスの金利が一旦急騰する時期がありますが、これはナポレオン戦争という非常事態になったことで、リスクプレミアムが高まったためですから、あくまで一時的なこと。

ナポレオン戦争が終わると、またじりじり収穫逓減の法則が働いて利潤率が下がっていきました。

その後、大きな覇権国の交代が起きるのは、第二次大戦後のアメリカの利潤率がイギリスよりも高くなった時です。これはアメリカがフィリピンなどアジアやカリブ海を周辺化していったことによります。

このように、リカードの言う「技術進歩と新しい土地の開拓」、具体的には海外の新しい土地の開拓ができた国が帝国ないし覇権国になるというのが、これまでの歴史では繰り返されてきたわけですが、では現状はどう考えればいいのでしょうか。

現在、多くの先進国の国債利回りが過去に経験したことのないほど低下していますが、これは新しく支配する土地がなくなっているということです。新しい土地の開拓といっても、アフリカのグローバリゼーションまでいったためにその先がないわけです。

ドイツはユーロを作ったことでギリシャなどを支配下に収めましたが、十分に利潤率が高まることはないでしょう。ユーロは「世界帝国」ではなく「地域帝国」で有限の空間を前提としているからです。

いずれにしても今ドイツと日本の一〇年国債利回りがゼロ%近辺で、アメリカのそれが二%割れですから、先進国はすべてリカードの言ったとおり、もう資本家が十分引き受けられない状態にあり、成長率は停止し、それが定常状態になる、という状況になっていると言っても差し支《つか》えないでしょう。

ただし、これはあくまでも古典派経済学の考え方に基づくもので、新古典派はこうした古典派の主張を認めようとしません。リカードの言う成長率が停止するなどということは、あり得ないという立場なのです。

彼らに言わせれば、今の自民党政権が言っている「イノベーション」やＴＰＰこそが、リカードの言う「技術進歩」であり、それらの果実を手に入れることで経済は拡大できる、利潤率も再び上昇させることが可能だと考えているのだと思います。しかし、リカードに言わせれば、それらが威力を発揮するのもしばらくのあいだだけですよ、ということです。「しかし最終的には、成熟経済では土地所有者に有利に働く再配分によって利潤率は低下していく」と。

たしかに、九〇年代半ばぐらいまでは賃金が上がりましたが、一方で利潤率は下がり続けていました。ところが九七年以降は状況がやや変わりました。リカードの言う定常状態にならないように、労働の規制緩和をして賃金を抑制すると同時に電子・金融空間を作ったことでもう一度利潤率が高まっています。

そういう意味では、古典派の経済学というのは今の状況をうまく説明するのに適していないのは確かです。

日本やドイツを説明するにはピッタリなのですが、アメリカは必ずしもリカードの指摘どおりになっていないでしょう。イノベーションと新しい土地を開拓すれば、まだまだ利潤は高められると考えているのでしょうが、いずれはリカードの意見が世界で当てはまるようになると私は思っています。新古典派はBRICsがあるから大丈夫と言うのでしょう。たしかに先進国は当面当てはまるかもしれませんが、では後発の近代国家である新興国は、利潤率を高めるためにどこを「新大陸」にしろというのでしょうか。

彼らとすれば、一旦古典派を否定しましたので、もう一度古典派を持ち出すのは自己矛盾になるため触れないようにしている。それだけの気もしますが、どう説明するつもりなのか。私が心配することではありませんけれども（笑）。

単行本版あとがき

本書は、二〇一四年九月から二〇一五年一月にかけて、東洋英和女学院大学大学院で講義した内容をベースにテキスト化したものです。当時とは数字上異なる部分を若干修正し、書き言葉に変えたものであることを、あらかじめ申し上げておきます。「国際協力研究特殊講義Ⅱ」と題した授業でしたが、やはり根底には、近代社会の限界や、資本主義で七〇億人すべてが豊かになれない現実があるのです。それらを無視することはできません。

講義をしていたときから二〇一六年五月現在にいたるまで、原油価格は急落しました。二〇一四年夏から一〇〇ドルだった原油価格は、二年弱でいったん三〇ドル割れを経て、四〇ドル台で推移しています。

近代化が始まり高度成長軌道に乗ったかに見えたBRICsもその力を弱めています。中国の経済成長率は六%台。たとえば自動車工業の稼働率は五割ですから、ほかの指標からみると中国は実質的に赤字を続けています。稼働率六割未満では、成長は望めません。中国はすでに、ゼロ成長経済とも考えられます。

一九九〇年代のバブル崩壊後、「失われた二〇年」と言われた前半の一〇年、日本は過剰設備と過剰債務の状態だった。不良債権処理を進めて、企業はリストラを実行し、工場を閉鎖しました。後半の一〇年間、アメリカがリーマンショック前までバブル化し、日本は輸出を増やすことで、過剰生産状態によって起こる恐慌の危機を回避しました。現在の中国は、失われた二〇年の前半の一〇年と近い状態にあります。マイナス金利社会は、ある意味で当然の結果かもしれません。世界中が過剰設備で、どこに投資してもマイナスになる。ドイツも、八年国債利回りがマイナスになっています。

二〇一六年四月、「パナマ文書」が公表されました。志賀櫻による『タックス・ヘイブン』(岩波新書)は、二〇一三年に刊行されています。本書ではすでに一部のエスタブリッシュメントによる租税回避が指摘されており、それが証明された、重要な事件だと思います。また、パナマ文書問題の舞台となった法律事務所のモサック・フォンセカが一九七七年に設立されたということも重要です。一九七〇年代が、すでに資本主義の危機だったことを示唆しています。租税回避をしないと投資家の利益にならなくなったのです。投資家は税引き後の最終利益を増やすことが目的です。一九七七年の時点で、資本家が工場を建てるだけでは利益を見込めないから、タックス・ヘイブンを利用したのでしょう。

どの社会でも「生命の安全」「信義」「財産の保護」の三つが同時に維持されて、秩序・平和が保たれると言います。残念なことに、世界はその三つが崩壊しつつある状態です。「生命の安全」は中東、ヨーロッパにおいては言うまでもなく危険な状況で、実際にテロ事件も起きています。パナマ文書は、「信義」が果たされていないことが露見した出来事です。租税回避だから罪ではないというのは、言い訳にならない。限られたエスタブリッシュメントや、〝持つ者〟しかタックス・ヘイブンにはアクセスできません。政治家が民衆に痛みを求め、自分は回避される。それは信義を欠いているというほかありません。フランス革命で、高い身分の人たちだけが豊かな生活を送る社会から、国民が等しく豊かに暮らせる社会をめざしました。ところが、そうはならないことがパナマ文書や『タックス・ヘイブン』で明らかになったのです。一方でマイナス金利の問題は、「財産の保護」を担保できない現実を示しています。

近代という時代がもう限界に近づいていて、変化を余儀なくされています。近代を引き継ぐ、次なるシステムがすぐに用意されるということはあり得ません。古代ローマから中世にいたるまでも三〇〇年、中世から近代への移行に二〇〇年くらいの時間を費やしている。今できることは、近代がもし終わっていて、次のフェーズに行くならば、近代の悪いところを是正していくしかない。租税回避にはNOを突きつけ、マイナス金利になったら、設備投資減税などは廃していかなければならない。そういう細かいことを実行しつつ、新しいシステムが生まれるまでの過渡期を軟着陸しながらやっていくしかないのです。よくも悪くもそういう時代を、私たちは生きています。

考え方によっては、こんなにワクワクする時代はないと言えます。誰もが「明日はコペルニクス」と期待して生きることができるのです。変革の時代ほど、偉大な科学者、芸術家、政治家が現れるものなのです。今という時代は、若い人たちにこそ、そのチャンスが巡ってきています。大学で教えるようになって、教育の大切さを痛感しています。

本書の刊行にあたり、多くの方々にお世話になりました。東洋英和女学院大学大学院の関係者のみなさんのおかげで、講義録が一冊の本になりました。私が話した内容を的確に構成してくださったライターの平原悟さん、すべての講義に足を運び、企画立案から編集まで伴走してくれた徳間書店の田中大介さんに御礼申し上げます。

二〇一六年六月

水野和夫

解説　背広を着たパンクス

近藤康太郎（作家、評論家、百姓、猟師）

「水野和夫という、変なエコノミストがいる」といううわさが、本好きの間で広まったのは、二〇〇〇年代半ばころではなかったか。経済が専門でもなければ、投資にもカネもうけにも興味ないわたしの耳にもうわさは届き、その、変なエコノミストの著作を数冊、まとめて読んだ。

うわさは本物であった。『人々はなぜグローバル経済の本質を見誤るのか』など著作の眼目をものすごく乱暴にまとめると、こういうことになる。「資本主義という経済システムは終わりかけている（だから、株なんか買ったってしょうがないでしょ）」。当時、水野さんは三菱UFJ証券のエコノミストをしていた。証券会社の給料で食っているエコノミストが、そんなことを書いていいのか。

経済書なのに、引用している書物がブローデルやウォーラーステインや柄谷行人ら、重厚な歴史書、哲学書だったりもする。どこで調べるのかしらないが、一六世紀イタリアの利子率から解き明かして、「長い目で見ると、経済成長はもうありませんよ」

と宣言していたのである。

いつでもスーツにネクタイ、髪もピシッと分けて金融マンチックな装いで偽装しているが、もしかして水野和夫とは、アナーキーなロックンローラーではないのか？そう予感したわたしは、背後からひそかに水野さんに近づいていった。

二〇〇八年ごろの話で、そのころわたしはAERAという週刊誌の臨時増刊編集長をしていた。折からBRICsブームの真っ最中で、庶民のあいだにも海外投資が徐々に浸透していった時期だ。そしてわたしは海外投資雑誌、ありていに言えば、ブームに便乗したカネもうけ雑誌を作る使命を帯びていた。背に腹は代えられない。

しかしカネの話だけでは、作っている自分がおもしろくない。「海外投資をすると、読書で頭もよくなります」という企画をでっち上げ、水野さんのところにライターを派遣した。水野さんの書斎から、前述したブローデルやらの蔵書を借りだし、写真を撮り、ブックレビューをしてもらった。その、本の写真がすごかった。どの本も付箋だらけ。厚みが増して膨らんでいる。

その数年あと、新聞記者に戻ったわたしは、初めて水野さんと対面する。「市場とは何か」という大きなテーマで、水野さんに語ってもらうインタビューだ。市場原理主義が席巻していた時代。経済にはど素人の音楽ライターが、専門家に根源的なところから問いただすというかたちの特集記事であった。

そのとき最初にぶつけた質問が「市場《いちば》原理主義ってよく聞きますが、何ですか？コンビニでは買わない主義？」。ベタなギャグである。

そのほか記事中にはボブ・ディランやロキシー・ミュージックの歌詞をちりばめ、いま考えてもむちゃくちゃな記事だったのだが、水野さんは笑って受け流し、ゲラもそのまま通してくれた。一文字も直さなかった。

そこで調子に乗って、水野さんとの共著『成長のない社会で、わたしたちはいかに生きていくべきなのか』まで、ものした。すっかり水野さんのファンになっていたわたしは、諸作品を読み込んでいたが、水野本は、経済音痴にとって表現の固いところが散見される。「水野さんの言いたいことは、結局、こういうことなんじゃないですか？」。馬鹿（＝自分）でも分かる言葉で、大幅にかみ砕いて、乱暴に、しかし本筋ははずさず、パラフレーズした。

学者や研究者という人たちは、ふつう、そういうことを嫌う。あたりまえである。かみ砕いて言い切れない細部にこそこだわって、人生をかけて研究してきた人たちである。自分の属している集団（学者ムラとか専門家ムラ）の目を気にしてしまう、ということもあるだろう。

なんと、水野さんにはそれがなかったのだ！　大幅なゲラ直しもほとんどなく、対談はすんなりまとまった。

ここまで書くと、水野さんの文章の特徴が、少し想像できるだろう。

その一。ものすごく過激でおもしろいことを言っているのに、本人にその自覚がない。わりあいサラッと書く。ある意味で「天然ちゃん」。

その二。本人の頭がいいもんだから、わたしのような馬鹿に向けて書くのはたぶん苦手。しかし、話すととても易しい。ざっくばらんで親切。ある意味で「教えたがりな横丁のおじさん」。

その三。ものごとを近視眼で見ない。つねに人類史の巨視的な立ち位置から考える。学者の出自ではないので、思い切ったことを言う。世間の空気を読まない。ある意味で「変人さん」。

そして、この三つの特質を遺憾なく発揮したのが、本書である。東洋英和女学院大学大学院で、半年にわたって講義した内容をまとめた。もともとが話し言葉である。わかりやすい。かといって、内容を下げているのではない。

そしていつものように、ものすごくおもしろいことを、サラッと言っている。空気を読まないで過激なことを言う。第7章が白眉である。

世界は「グローバリゼーション」という魔法の言葉でおおわれている。グローバリゼーションで自由になる。みんなが豊かになる。世界がひとつになる——。そうした「グローバリゼーション教」にあらがう人は、世界ではもはや少数派だ。鼻で笑われもする。あいつら馬鹿だ。分かっちゃいない。そう、冷笑される。

でも、水野さんは、そんなの嘘だと喝破する。「グローバリズムを推進する人、それは社会的勢力の強い人」なんてしれっと書く。「人間がやることで、人間が止められないことはありません」とか言っちゃって、なにげにアジテートもしている。

わたしの目は誤っていなかった。水野さんは、やはり、アナーキーなロックンローラー。背広を着たパンクスだったのだ。

嘘、嘘、嘘、嘘、みんな嘘
なんでそんなにフカシこく？
おれの目を見て言ってみろ（セックス・ピストルズ「ライアー」）

◎参考文献

『所有的個人主義の政治理論』(C・B・マクファーソン著 藤野渉ほか訳／合同出版 1980年刊)
『マクベス』(シェイクスピア著 福田恆存訳／新潮文庫 1969年刊)
『ケインズ全集9』(ケインズ著 宮崎義一訳／東洋経済新報社 1981年刊)
『開発経済学概論』(ジェラルド・M・マイヤー著 渡辺利夫、徳原悟訳／岩波書店 2006年刊)
『海賊たちの黄金時代』(マーカス・レディカー著 和田光弘ほか訳／ミネルヴァ書房 2014年刊)
『火山に恋して』(スーザン・ソンタグ著 富山太佳夫訳／みすず書房 2001年刊)
『近代とはいかなる時代か?』(アンソニー・ギデンズ著 松尾精文、小幡正敏訳／而立書房 1993年刊)
『近代とは何か』(スティーヴン・トゥールミン著 藤村龍雄、新井浩子訳／法政大学出版局 2001年刊)
『科学と人間』(佐藤文隆著／青土社 2013年刊)
『世界の見方の転換』(全3巻 山本義隆著／みすず書房 2014年刊)
『一六世紀文化革命』(山本義隆著／みすず書房 2007年刊)
『政治神学』(カール・シュミット著 田中浩、原田武雄訳／未來社 1971年刊)
『リヴァイアサン』(トマス・ホッブズ著 水田洋訳／岩波文庫 全四冊 1982-92年刊)
『国際社会論』(ヘドリー・ブル著 臼杵英一訳／岩波書店 2000年刊)
『リヴァイアサン』(長尾龍一著／講談社学術文庫 1994年刊)
『民主主義の終わり』(ジャンマリ・ゲーノ著 舛添要一訳／講談社 1994年刊)
『グローバリゼーション』(マンフレッド・B・スティーガー著 櫻井公人ほか訳／岩波書店 2005年刊)

ンスフォーメーションズ』（デイヴィッド・ヘルドほか著 古城利明ほか訳／中央大学出版部 2006年刊）

『歴史の終わり』（フランシス・フクヤマ著 渡部昇一訳／三笠書房 1992年刊）

『帝国の研究』（山本有造編／名古屋大学出版会 2003年刊）

『タックス・ヘイブン』（志賀櫻著／岩波新書 2013年刊）

◎講義記録

「国際協力研究特殊講義Ⅱ」（東洋英和女学院大学大学院）

・近代とは、資本主義とは（2014年9月22日、10月6日）
・近代の成長メカニズム（2014年10月13日）
・近代の成長メカニズムの限界（2014年10月20日）
・グローバリゼーションと帝国（2014年10月27日、11月10日、11月17日）
・リカードと定常状態（2014年11月24日、12月8日、12月15日、2015年1月5日）
・21世紀の資本（2015年1月19日）

本書は二〇一六年六月に徳間書店より刊行された『過剰な資本の末路と、大転換の未来』を改題、加筆し、文庫化したものです。

資本主義《しほんしゅぎ》と不自由《ふじゆう》

二〇二三年 九 月一〇日 初版印刷
二〇二三年 九 月二〇日 初版発行

著 者 水野《みずの》和夫《かずお》
発行者 小野寺優
発行所 株式会社河出書房新社
〒一五一－〇〇五一
東京都渋谷区千駄ヶ谷二－三二－二
電話〇三－三四〇四－八六一一（編集）
〇三－三四〇四－一二〇一（営業）
https://www.kawade.co.jp/

ロゴ・表紙デザイン 粟津潔
本文フォーマット 佐々木暁
本文組版 株式会社キャップス
印刷・製本 中央精版印刷株式会社

Printed in Japan ISBN978-4-309-41989-3

アメリカは中国に負ける

孫崎享　41841-4

いまや経済のスケール等でもアメリカを脅かそうとする中国。アメリカの今後の展開、太平洋の治安状況はどう変わるか。そして日本の地位、生き延びる道は？　講談社現代新書『不愉快な現実』を増補文庫化。

アメリカに潰された政治家たち

孫崎享　41815-5

日本の戦後対米史は、追従の外交・政治史である。なぜ、ここに描かれた政治家はアメリカによって消されたのか。沖縄と中国問題から、官僚、検察、マスコミも含めて考える。岸信介、田中角栄、小沢一郎…。

ちゃんとわかる消費税

斎藤貴男　41710-3

政治家の嘘、黙り込みを決めたマスコミ、増税を活用する大企業によって隠された消費税の恐るべき真実。その仕組みを一からわかりやすく解き明かし、消費税の危険性を暴き出す。武田砂鉄氏との対談を収録。

ドーナツ経済

ケイト・ラワース　黒輪篤嗣〔訳〕　46735-1

経済成長なき未来をどう生きるか？　――環境問題や貧困問題を解決しながら、幸福な社会を提案する〈まったく新しい経済モデル〉！『人新世の「資本論」』の斎藤幸平氏推薦！

「声」の資本主義　電話・ラジオ・蓄音機の社会史

吉見俊哉　41152-1

「声」を複製し消費する社会の中で、音響メディアはいかに形づくられ、また同時に、人々の身体感覚はいかに変容していったのか――草創期のメディア状況を活写し、聴覚文化研究の端緒を開いた先駆的名著。

自由論

酒井隆史　41704-2

政治・経済・社会を貫くネオリベラリズムの生成過程を規律社会から管理社会へ移行する権力の編成としてダイナミックに描き出し、フーコー以降の政治社会論を根底から刷新する歴史的名著、待望の文庫化。